これも修行のうち。

実践！あらゆる悩みに「反応しない」生活

草薙 龍瞬
Kusanagi Ryushun

KADOKAWA

『これも修行のうち。』

実践！あらゆる悩みに「反応しない」生活

はじめに

合い言葉を「これも修行のうち」にしてみると……

毎日が、今より少し楽しく、心軽く、快適にすごせたらいいな——きっと、多くの人がそう感じていることでしょう。

ただ現実には、次から次にやってくる仕事や雑事、悩ましい人間関係やストレス、先の見えない将来や、ネットやスマホ、メディア情報との「お付き合い」など、「正直、疲れる」モノゴトで一杯です。

そんな毎日を、「まあ、これも修行のうち」と気楽に受け流せるようになれたら、どんなにラクになるでしょう。

そうなるための方法を「実践！」していこうというのが、この本のテーマです。

日頃の悩みを増やさないポイントは「ムダな反応をしない」ことです。「一切の悩みは、心の〝反応〟が作り出している。だからムダに反応しなければ、多くの悩みを解消できる」というのが本書の基本メッセージです。今回は特に「反応しない心」を育てるための、より実践的な〝練習メニュー〟の数々《かずかず》を紹介しようというものです。

たとえば、「腹の立つ出来事」があったときに、具体的にどう考えて、怒り・不満をきれいに洗い流すか。「先が見えない不安・心配」に襲われたときに、どう考えを組み立てて気持ちをリセットし、目の前のモノゴトに集中しなおすか。

日々直面する人間やモノゴトに、どんな心で向き合い、どのように心を使って、ベストの成果を作っていくか――私たちに必要なのは「具体的な心の使い方」です。それがわかれば、毎日のあらゆる出来事を「正しく心を使うための練習」に活かすことができます。

それができれば、**イヤなことがあっても、ツライことに遭遇しても「これも修行のうち」と、何事も、自分にプラスの体験として受け止めることも可能になります。**

この本の特色は、**職場や自宅、さらに通勤途中の電車内や、フリータイムの喫茶店などで気軽に実践できる「心の練習」、いわば〝プチ修行〟の数々を紹介しているこ**とです。

しかも、二五〇〇年前のブッダの教えをベースにしつつも、その背後にある「ブッダの心の使い方」を現代的にとらえなおし、「日常で使える練習」にまで実用化している点も大きな特徴です。

この本が狙いとするのは、これまで「仏教」と呼ばれてきた「ブッダの心の使い方」を、現代社会に使える形に洗練させて、あなた自身の快適な生活づくりに、もっと手軽に役立ててもらうこと。「神さま・仏さま」を信じるのではなく、ブッダの教えの〝本質〟だけをストレートに使って心を育て、それぞれの幸福を成就してもらうことです。

いわば、これまで敷居が高すぎた仏教の〝修行〟を、世俗で頑張る人たちが日々実践できる〝プチ修行〟に落とし込んで、**それぞれの仕事・人生・人間関係の〝満願成就〟をめざしてもらう**。それが本書の目的です。

仏教を学ぶメリットは、「毎日起こる、ちょっとイヤなこと」に向き合う「心の持ち方」を教えてくれることです。仕事のミスや失敗、話が通じない上司、つい考えすぎてストレスを抱え込む自分の性格や、マンネリ・満たされなさが続く日常に対して、「どう心を使えばいいか」。

それさえわかれば、次にイヤなことが起きても、「こういう場合は、どう考えればいいのだろう？……よし、あの方法を試してみよう」と、前向きに考えることができます。心の内に湧き上がる不満や不安などのマイナスの反応からも、早く抜け出せるようになるでしょう。

『これも修行のうち。』という本書のタイトルは、そんな新しい毎日を可能にしてくれる〝お守り〟みたいなキーワードです。どんなときも、本書の〝プチ修行〟の数々、いわば「ブッダの智慧の実践版」を練習し、上手に世の中を渡っていける自分をめざそうではありませんか。

めざすは、**日々の出来事にムダに反応しない、ストレス・悩みを引きずらない、「総じて快！（よし）」と思える毎日**です。

「これも修行のうち」を合い言葉にすえて、これからの毎日を前向きな実践の場へと作りかえていきましょう。

いざ、開始！

草薙 龍瞬

目次

▼ここで紹介するプチ修行は……

第2章「感情」のプチ修行

第3章「考え方」のプチ修行

▼ここで紹介するプチ修行は……

第4章 「意欲」のプチ修行

▼ここで紹介するプチ修行は……

プロローグ

新しい毎日のための〝プチ入門〟

ようこそ、現代版・ブッダの修行道場へ――。

これから「ムダに反応しない心」を作る方法を一緒に実践していきますが、最初に小さな「入門の儀式」を、胸の内でこっそりしておくことにしましょう。

たとえば、お寺で修行をするときは、最初に「入門」の儀式があります。雪の中で何時間も待たされたり、師僧への「宣誓」を求められたりしますが、もちろんこの本では、そんなことは必要ありません。

むしろ、きっちりと、いくつかの「考え方」を自分の心の底にすえることです。

その考え方とは、次の二つです。

○〝心の使い方〟しだいで、毎日は変えられる

○どんなモノゴトにも〝方法〟はある（だから、何ごともなんとかなる）

〝心の使い方〟がわかれば、予想に反する現実にいたずらに動揺しなくてすむし、「方法がある」と思えれば、

「はて、どうすればいいのだろう――そうか、ここはこうしてみよう」

「きっとなんとかなる」

と前向きに考えられるようになります。

そうした心がまえを、「新しい人生へのプチ入門」の儀式として、最初に固めておきましょう。

最初に覚えておきたい心がまえとは、次のとおりです――。

心がまえ一

人生は〝考え方〟しだい

最初に確認したいのは、「何ごとも考え方が大事である」ということです。

一般に、人はモノゴトに「つい反応してしまっている」のであって、「正しい考え方」に立って生きているわけではありません。

たとえば、仕事や人間関係で「理不尽な」思いをすることがあります。「なんでこうなるのか？」と反応してしまい、疑問、葛藤、納得いかない思いが湧き起こる——こういう体験は、誰でもしているはずです。

もしこのとき「自分の考え方」しか持っていなければ、あらゆることに自分流の〝こだわり〟で反応してしまいます。

たとえば自信が今ひとつ持てない人なら、「わたしが信頼されていないから？」と疑心暗鬼になったり、「能力が低いと思われている」とヘコんだり。怒りっぽい人なら、簡単に腹を立てて、誰かれかまわずグチをこぼしたり、ヘソを曲げたりします。

また「認められたい」気持ちで一杯の人なら、「わたしだって一生懸命やっています（泣）」と自己主張を始めて、周囲から「いや、そこは問題ではないのだが……」と顰蹙《ひんしゅく》を買うこともあります。

こうした自己流の〝こだわり〟は、さらに尾を引きます。

心はざわつき続け、「そういえばあのときも……」と記憶を検索したり、「そんなことをいうなら、あの件（あの人）はどうなんだ?」と責任転嫁や反撃が始まったりと、「ムダな反応」が続きます。こうした反応が数珠《じゅず》つなぎになって、アタマはイライラ、モヤモヤ状態に突入していきます。

こうした、よくある心情は、「ただ反応している状態」です。人はみな、日々、反応しまくりです。

でも、もしブッダにならって、「この状況ならこう対応すればいい」という考え方、の手順が最初にはっきりしていれば、自分の〝こだわり〟だけで反応することなく、**正しい道筋でモノゴトをとらえられる**ようになります。

「考え方を知っておく」ことは、それくらい大事なことなのです。

最初の考え方は「方法はある」と信頼すること

では具体的に、どんな「考え方」から始めるか。最初はこれです——。

「どんなときも、方法がある」（だからなんとかなる）

何が起きてもそう考えられる（発想できる）ようになること。それを最初の目標にすえましょう。

ここで「発想する」とは**〝他の余計な思いが湧くことなく、その考え方が最初から自然に湧いてくること〟**をいいます。

宗教が「信じる」ことを大事にするなら、この本で紹介する「合理的なブッダの考え方」においては「発想する」（自然にそう考えられる）ことを大事にします。

最初の発想（思いつき）が、考え方を決めます。考え方が人生を作ります。となると、最初に何を思いつくか、は決定的に大事になります。

そこで、発想を変える練習をするのです。それが、**「方法はある（なんとかできる）」**という言葉を繰り返すこと——つらくなったら「方法はある」。不安や迷いを感じたときも「方法はある」と、自分に言い聞かせるのです。

ひとは不本意な出来事に直面したとき、「やっぱりダメか」とか、「どうせ（しょせん）自分なんて」と、ネガティブに発想しがちです。その発想に従って動くと、必ず苦い思いを味わいます。

そこで「最初の発想を切り替える練習」を始めるのです。

その方法は、意外とシンプルで**「使う言葉を変えればいい」**のです。というのも、思考は言葉で作られるからです。

つい否定的な思いが出てきたら、「方法はある」と繰り返してください。つらくなったら「方法はある」。憤慨したときも「方法はある」。不安や迷いを感じたときも「方法はある」――まずは言葉で繰り返すこと。そうして徐々に「考え方」を作りかえていくのです。

ブッダの教えには「方法」があふれている！

ちなみに仏教が、今日《こんにち》なぜ多くの人に必要とされているかといえば、「考え方の道筋（フォーマット）」が、ブッダの教えの中にたくさんあるからです。

ブッダの教えの根幹は、

①現実はつらいものである。
②しかしそのつらさには理由がある。
③そのつらさの理由は解消できる。
④その方法・手順がある。

というものです。

つまり、ブッダの智慧を現代に活かすことは、「つらさ・苦しみを解消する方法、方法があると知る」ことに始まるのです。

まさに人生は〝方法〟しだい――さまざまな方法を学び、実践していくことで、生活は確実に変わります。その変化が、自分にますます「方法はきっとある」と思わせてくれます。

本書ではここから、生活改善に役立つ方法を〝プチ修行〟として紹介していくわけですが、さっそくひとつお伝えしておきましょう。

たとえば、あなたは毎日、シャワーくらいは浴びますよね。

そのとき、アタマの中で何をしているでしょうか。せいぜい「今日も疲れたな～」くらいの「ぼんやり何かを考えている」状態でしょう。

でも、シャワーを「方法」として活かすなら、こんなふうにやります――。

プチ修行1 シャワー禅で気合いを入れる

今から「シャワーの行《ぎょう》」をやるぞ！と宣言する。栓をひねる！　温水が迸《ほとばし》る！　目をつむる！　全身湯水に打たれる！　皮膚を叩くシャワーの〝感覚〟を、目を閉じたまま見つめる！　今カラダが感じているのは、感覚である！　感覚、感覚、感覚――！

「アホじゃないか」と思ったかもしれませんが、実はこれ、ただのシャワーではありません。

今出てきた一言一句に、深い意味が潜んでいます。連発する「！」マークにさえ、ブッダの智慧が隠れているのです（詳しくは、第1章で明かします）。

ここでお伝えしておきたいのは、ひとが悩みを解消し、快適に暮らす「方法」は、私たちが想像する以上に「豊富にある」ということです。特に二五〇〇年分の蓄え（ストック）を持つブッダの教えは、智慧――生活を改善する方法――の宝庫です。これを活かさない手はありません。

ほぼ毎日やっているシャワーでさえ、「ただぼんやりと」ではなく、「たしかな方法」として活用すれば、溜まった疲れや不満、不安や迷い、アタマのモヤモヤや落ち込んだ気分をも、きれいさっぱりと洗い流せる「手軽な修行」――プチ修行――に変えてしまえるのです。

まずは、「方法はある」を念仏のように繰り返して、自分自身の発想にしてしまいましょう。日々を快適にする「方法」の数々を、ここから紹介していきます。

心がまえ二

〝外れのないゴール〟をめざす

「方法はある」というオープンな出発点に立ったら、今度は「目的」を考えましょう。

さて、私たちは何のために、生きて、働いているのでしょうか。

ここでちょっと視線を外に向けて、「はて、自分の人生のゴール・目的は何だったっけ？」と考えてみてください。何か思い浮かぶでしょうか。

思い浮かぶ目的が、自分が明るく元気になれるものなら、そのまま大事にしてください。でもその目的が、ふと自分を焦らせたり、現実との落差に気づいて落ち込ませたりするものなら、それは〝ムダな妄想〟です。〝正しい目的〟を持つところから始めましょう。

「人生の目的なんて、よくわからない。考えたこともない」という人もいます。「目的がないなんて、失格でしょうか」と、さっそく妄想し始める人もいます。

すべての人に、仏教がお勧めするのは、**「これは間違いないと思えるゴール」を、人生の行き先にすえる**ことです。というのは、ゴール・目的をすえることで、人生に〝見通し〟がつくからです。見通しがつくことは人生を本当にラクにしてくれます。

では、確実に間違いないと思えるゴール、これならめざして正解だろうと思える目的、いわば「外れのない方向性」とは、どういうものでしょうか。仏教的には、次の三つです――。

①クリーンな心を保つ

つまり、ムダな反応――怒り・妄想・過剰な欲求や、うぬぼれ等――がない状態でいること。これ、大事なゴールだと思いませんか？

というのも、私たちの日常は「反応せざるを得ない」モノゴトにあふれています。仕事も、人間関係も、ネットやメディアの情報も、その他ありとあらゆるものが、「反応しろ」と迫ってきます。

こうしたモノゴトに無防備に反応すれば、心は、欲望や怒りや不安といった思いに囚《とら》われて、グルグル、モヤモヤ状態が止まらなくなります。これは慢性的に疲れます。

そこで、こうした不快な（なんだか気持ち悪いと感じる）精神状態を、早めにリセット（解消）する必要があります。心をすっきりとクリーンな状態に保つこと――これは、すべての人にとって、意味のある目的ではないでしょうか。

②正しい〝心の使い方〟を知る

「正しい」というのは、不幸・マイナスを作り出さない、自分の幸せに役立つ、という意味です。

たとえば、「この状況・課題・相手には、どう向き合えばいいのか（どうアタマを使えばいいのか）」を、的確に考えられるようになること。ひとはつねに、身と心ひとつで〝現実〟（仕事・人間・将来・過去）と向き合っているのですから、「向き合い方」つまり「心の使い方」を知っておくことは、決定的に大事なはずです。

③自分に「納得」できる

納得とは、「これでよし」と思える（肯定できる）心のことです。たとえば、今日一日に納得、選んだ職業に納得、付き合っている恋人・伴侶に納得、今の暮らしに納得、過去の出来事に納得、やがてたどり着く未来の自分に納得――こう思える心境は、それ自体が〝人生究極のゴール〟といえるくらい、大事ではないでしょうか。

逆に、納得できない心には、いつも不満が渦巻き、暗い妄想や殺伐とした感情で一杯です。「生きていてもつまらない」とさえ思えてきます。

人生の理想は、どんな状況にあっても、「これでよし」と納得できること。そうなれたら、どんなに救われることでしょうか――。

人生が「ひとつの道」になる瞬間

こうした「外れのないゴール」を、まずは「アタマの隅に置いておく」のです。

現実はさまざまで、ままならない出来事も数多いけれど、「でも最終的には、このゴールをめざせばいいんだ」と思えると、ちょっと気が安らぎます。

途中どんなに迷っても、外すことのない大きなゴールを、心にすえる。そして、その間違いないゴールに向かって、小さな〝練習〟を日々積んでいく。

そうした心がまえが決まったら、人生は、フラフラと迷いの多かった過去に訣別して〝ひとつの道〟になります。

多少のブレがあっても、ときに踏み外しても、最後は間違いないゴールに向かっていく、広く大きな道——「私は、その道を今、歩んでいるのだ」と思えること自体が、大きな納得を運んでくれるのです。

人生の同伴者〝自分の心〟を知っておく

どんな毎日も、大きなゴールにたどり着く〝道の途中〟――そんな生き方も可能なのかな、と思い始めたら、今度は道をお伴する「自分の心」を理解しておきましょう。「心」は、いわば一生お付き合いするパートナーです。心しだいで、見える景色も、人生も、いかようにも変わります。だから「心の正体」を知っておくことは、とても重要なのです。

驚くかもしれませんが――ブッダの教えによれば、「心には、なんと五種類ある」のです。

ブッダ驚きの智慧――心は「ひとつ」ではない!?

世間では、「心」を曖昧にとらえています。心理学でも、生物学でも、その他の分野でも、「心」そのものを明快に定義した言葉は、ほとんど見当たりません。

仏教では、生命の本質を、**心・体・関係性**――の三つでとらえます。

このうち心とは、ひとことでいえば〝反応〟のこと。

この反応は、五つの種類に分けられます――つまり、**①感覚、②感情、③思考、④意欲、⑤意識**、です。

このうち〝意識〟は、心の底を流れ続けるエネルギーです。まだ感情や思考などの反応が生まれる前の〝反応の素《もと》〟みたいなもの。ニュートラルで、まだ怒りや妄想といった「煩悩」になる前の、きれいな状態の流れです。

この**〝意識〟**が外の刺激に触れたときに、感覚・感情・思考・意欲という四つの反応を作り出します。私たちの日頃の悩みは、この四つのいずれかに、実は属します。

〝感覚〟とは、目・耳・鼻・舌・肌の五官を通して生まれるもの。映像（視覚）、音楽（聴覚）、食事（味覚）、香り（嗅覚）、ぬくもりや触覚や、カラダを動かして感じる感覚などです。

〝感情〟は〝快〟か〝不快〟かという反応です。喜びや怒り、悲しみや楽しさなど、さまざまな反応があります。

〝思考〟とは、脳で考えることすべて――仕事の段取りを考える。過去を思い出す。余計な妄想をして、不安や心配を作り出す。これらはすべて〝思考〟の産物です。

〝意欲〟は、何かを手に入れたい・行動したいというエネルギーのことです。食欲などの単純な欲求のほか、ヤル気や願望・情熱などの前向きなモチベーション、さらには、つい腹を立てて言葉や行動に出してしまう、といったネガティブな衝動も含まれます。

この「五つの心の領域」こそが、ふだんの「私」と「心」の正体です。これは日本で有名な「般若心経」にも実は書いてあります（色即是空《しきそくぜくう》。受想行識亦復如是《じゅそうぎょうしきやくぶにょぜ》――これでは何を言ってるのか、わかりませんが）。

同じことは、原始仏教（ブッダの教えに最も近いとされる最古の仏教思想）でも語られています。

心には5つの領域がある

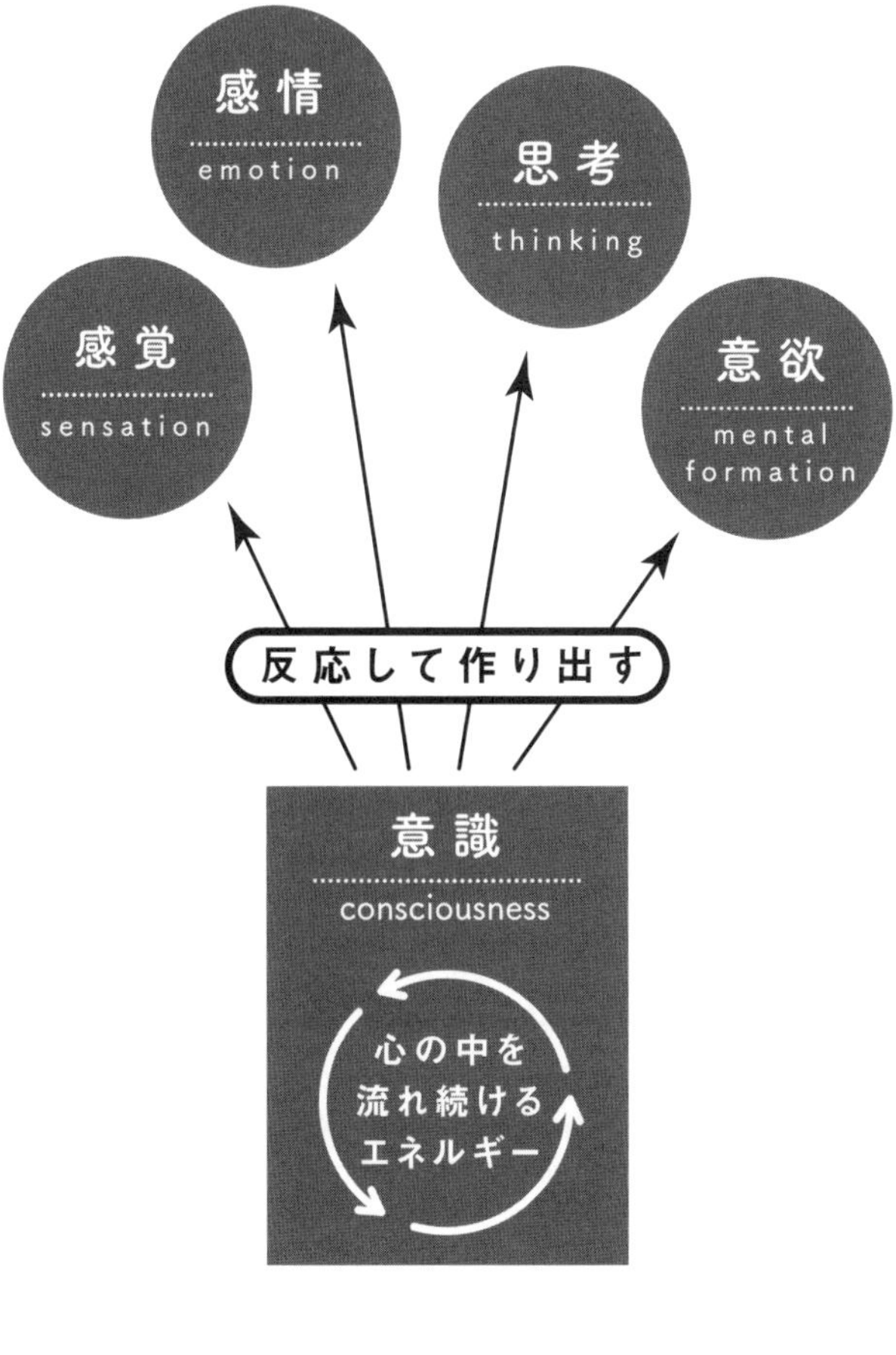

「感覚は無常――実体のない、うつろいゆく現象――である。
感情という心の働きも、思考も、意欲も、意識もまた無常である。
無常であるものは〝わたし〟ではない、と観察して、執《とら》われを離れる。
執われを離れた心は、安らぎと清浄と自由の中にある」

――サンユッタ・ニカーヤ

つまり、これら五つの心の領域に生まれる思い（精神現象）は〝無常〟である。これらは、反応を繰り返さなければ、やがて消える。だから執着（こだわり）をなくせば、一切の苦しみは消えていく、という真実を伝えています。

ブッダの発見が「究極のメントレ」に早変わり！

このブッダの智慧から、現代に使える「苦しまない心の使い方の基本」を、ひとつ導くことができます。

それは、**意識を向ける先（対象）を、感覚・感情・思考・意欲のいずれかに〝切り**

替える〟ことで、不快な反応をリセット（解消）するという方法です。

たとえば、ストレスという、不快な〝感情〟で反応している状態を、カラダの〝感覚〟に意識を向けかえることで、リセットしてしまうというものです。

これはみな、経験的に知っていると思います。イライラ（感情）したときは、運動したり食べたりと、体の感覚を使うことで気分をスッキリさせますね。あれは〝意識〟を〝感情〟から〝感覚〟に切り替えることで、感情をリセットしているのです。

先ほど紹介した「シャワー禅」（23ページ）は、まさに「意識を感覚に向ける」練習です。意識を感覚に向けることで、イライラ（感情）やモヤモヤ（思考）をリセットする方法だったのです。

ブッダの教えが、究極のメンタルヘルスであり、心のトレーニングになるというのは、こうした「心の使い方」を明快に教えてくれるからです。

「心の使い方」がわかると、日頃のいろいろな悩みに応用が効きます。たとえば、次のような状況なら、こんな考え方をしてみます。

○最近、ストレスが溜まっている

⇓ **〈考え方〉** これは不快な〝感情〟が続いている状態だ。とすれば意識を〝感覚〟に向けかえて、感情をリセットしよう。食べようか、音楽を聴こうか、週末に旅に出ようか。

○アタマがモヤモヤする。考えがまとまらない

⇓ **〈考え方〉** これはムダな〝思考〟が溜まった状態だ。となると、意識の先を〝感覚〟に切り替えて、思考を解消しよう。ひと休みして、散歩にでも出るか――。

○近ごろ元気が出ない。ヤル気が湧かない

⇓ **〈考え方〉** これは〝意欲〟が減退している状態だから、喜びの〝感情〟を上げるようにしよう。好きなことをやれという合図だな。

こうした発想ができるようになると、「心が（特定の反応に）引っかかる」ことが少なくなります。たとえば、車ならギアを入れ替えることで、滑らかに走り続けようとしますね。心も同じように、**感覚・感情・思考・意欲をうまく使いながら、不快を**

溜め込まないようにするのです。

結果的に、ストレスが溜まらず、気持ちの切り替えが早くなり、人生を楽しむことが上手になり、作業のスピードも速くなり、周囲に振り回されずに、自分に大切なモノゴトのみに心を使える状態になるのです。

そんなにうまくいくかな、と思うあなたは、ぜひ本書の〝プチ修行〟の数々を、一つでも二つでも実践してみてください。大切なのは「心の使い方」を知っておくこと。それは、人生に確実にプラスをもたらしてくれます。

実際に、四十代半ばのある男性は、会社では管理職、家庭では年頃の子どもを二人抱えて、内外のプレッシャーに押し潰されそうになっていました。朝電車に乗るのも憂鬱で、「このまま線路に飛び込んだらどれだけラクか」と、ふと考えることさえあったといいます。

ところが、私の講座で〝ブッダの方法〟を実践し始めて半年もすると、「最近、快調すぎて怖いくらいです」と言うようになりました。今は仕事が進みすぎて、頼りにされることが多くなり、むしろ仕事が増えてしまったと苦笑するのです。

こうした**画期的な変化は、「心の使い方」がわかってきたことによるもの**です。

「心を育てる」にも方法がある

かつてブッダは、周囲の人々にこう語っていました――。

「人生は〝心の使い方〟によって決まる。
すべては、心から生まれ、心の影響を受け、心によって作られる。
心に振り回されて終わるな。心の主《あるじ》（＝心を巧みに操れる者）となりなさい」

――ダンマパダ／ブッダ最後の旅・長部経典

たしかに、心こそが「人生を決める主役」です。とすれば、その「心の使い方」を知ることは、よりよい人生を生きる上で、一番大事なことのはずです。

残念だったのは、それを学べる機会がこれまで乏しかったこと。しかしここからは、「ブッダの心の使い方」に触れることができる以上、「あとは実践あるのみ」ということになります。

そこで今から、「心の五つの領域」をスタートラインにすえて、さまざまな悩みを上手に乗り越えていく方法を学んでいきましょう。

特にテーマとなるのは、〝意識〟から発生する、次の四つの領域をどう活かすかです。

つまり、

○**〝感覚〟をどう使って、ストレスやモヤモヤをすっきり解消するか。**

○**〝感情〟をどう活かして、マンネリ気味の毎日にメリハリをつけるか。**

○**〝思考〟をどう働かせて、悩みを増やさず、正しい判断をするか。**

○**〝意欲〟をどう盛り上げて、毎日を楽しく充実したものにしていくか。**

これら四つのテーマに沿って、快適な毎日への修行法を考えていきましょう。ここから先は、かなり実践的に使える練習メニューを紹介していきます。

第1章（「感覚」のプチ修行）から第4章（「意欲」のプチ修行）まで、どのパートから読んでいただいてもかまいません。**「コレ、やってみよう」と思える練習メニュー**

を見つけたら、手帳や携帯に書き込んで、毎日を「心の練習」の場に変えてしまってください。

また何か悩みが生じたときは、この本を「ハンドブック」にして、「この悩みには、どのプチ修行が効くだろう？」と振り返ってみてください。

本書を使い込めば使い込むほど、心の切り替え・考え方・ヤル気の出し方が、上手になっていくはずです。

お寺に入ることだけが修行ではありません。心を育てる練習は、私たちの日常で今すぐできることなのです。

ブッダの智慧を味方につけて、「毎日、快だらけ」の生活づくりを、今日からスタートいたしましょう。

第１章
「感覚」のプチ修行
——ストレスが溜まったときは、「心の使い方」を練習するチャンスです

日々の生活の中で「要らない反応」は、溜まっていくものです。

カラダが汗や埃《ほこり》で汚れていくように、心も、外からの刺激への反応によって汚れていきます。

大事なのは、その反応をどう〝洗い流す〟かです。たとえば、こんな精神状態になったとき、どう対処すればよいのでしょうか——。

・ストレスが溜まって、殺伐とした感情でいる。癒しが欲しい。
・考えすぎて疲れてしまった。アタマのモヤモヤが消えない。
・先のことを考えると不安。「いつまでこんな毎日が……」と憂鬱に。
・「なんでそういうことをするか」と、ついイラッとする相手がいる。

こうした一見、出口の見えない不快感におちいったときは、こう発想してください——「感覚に帰ろう」と。

「感覚に帰る」とは、先に触れた通り、意識をカラダの感覚に向けることです。これは、イライラを解消し、アタマのモヤモヤをすっきりさせる、簡単・便利で抜群の効果を持つ方法です。

その練習を始めてみましょう。

「感覚」の修行　基本

疲れたときは、「感覚に帰る」

最初に、なぜ「感覚を意識する」練習が大事なのか、ざっと私たちの日常生活を振り返って考えてみましょう。

たとえば、ムシャクシャしたときに「楽しいことをして憂さを晴らそう」とすることがありますね。「ああ、疲れた。気分転換に別のことをしよう」と思いつくこともあります。

両方とも、よくやっていることだと思いますが、もしこれが「間違った方法」だとしたら、どうでしょうか。

間違いといえるのは、いずれも、**「別の問題・悩みを引き起こしている」**からです。

たとえばストレス解消にと、つい「食べる快楽」に走る場合、元にある不満（仕事や人間関係など）がそのままだと、過食・肥満につながるだけかもしれません。これでは、「正しい行動」とはいえませんね。これは、憂さを晴らす手段が、アルコールやギャンブル、ゲームなどの快楽に依存する場合も、同じです。

また、「気分転換に」と、スマホやネットやテレビに手を伸ばすこともありますが、人によってはハマッてしまって、「しまった、時間をムダにした」と、自己嫌悪や苦い後悔など、別のストレスを作り出すこともあります。

となると、こうした選択は、快適な心づくりの上で、正しいとはいえなくなります。

ではいったい、具体的にどこが間違っているのでしょうか?

反応しつづけるかぎり、疲れは取れない

ブッダの智慧を借りれば、間違いの理由が見えてきます。

その理由は、まず〝心の性質〟にあります。つまり、心は反応することが性質（仕事）です。となると、「次の反応」に走るかぎり（快か不快かにかかわらず）、心そのものは止まりません。

その止まらない反応が、別の反応を誘発します。「憂さを晴らす」「気分転換」のつ

もりでいったん反応すると、別の感情や妄想など、さまざまな余計な反応が出てきます（いわば二次反応です）。反応を休めるつもりだったのが、逆に増えてしまうのです。

その結果、心は拡散して、ぼんやり状態の中で「ああ、やってしまった……」ということになるのです。

つまり、人が最初の不快感を抜け出すために、別の反応に頼ろうとしても、その効果には限界がある、ということなのです。

ではどうすればいいか。それは、余計な反応を生み出さない、シンプルな〝感覚〟に意識を向けることです。

反応を止める基本は〝感覚を意識する〟こと

反応に疲れたときは、「感覚を意識する」ことが最大の秘訣です。

というのは、日頃の反応は、たいてい〝感情〟か〝思考〟です。「不満を紛らわすために楽しさを」というのは、〝感情〟で反応し続ける状態だし、「ネットで遊んだり、本を読んだり、テレビを見たり」というのは、〝思考〟（より厳密にいえば妄想）で反応し続ける状態です。

いずれも、一見「気分転換」には見えますが、反応そのものは止まっていません。だから、疲れが抜けないのです。

この反応をいったんストップさせるには、**「感情にも思考にも、心を使わない（反応しない）」**ことです。となれば、「感覚に意識を向ける」しかありません。

その感覚を意識している状態を〝マインドフルネス〟――意識をフルに（十二分に）使っている状態――と呼びます。ブッダが生きていた古代インドでは〝サティ〟（気づき）と呼んでいました。

「外に出るとき、家に帰るとき、前後を見たり、体を動かしたり、服を着たり、食べ物を口に入れるとき、用を足すとき、歩くとき、座るとき、その他、目が覚めている間は、サティをよく働かせていなさい」

――ブッダ最後の旅にて・弟子たちに　長部経典

「感覚」の修行　実践その一

サティ（気づき）の力

「サティを絶やすな。でなければ心は浮き沈みを繰り返し、散り散りに乱れた状態のままであろう」

――ウダーナヴァルガ

サティ（気づき）は、「快適な心づくり」の決定版です。ストレスや雑念を洗い流し、集中を高め、理解力や状況判断力、さらに記憶力など、あらゆる〝心の能力〟を育てる基本となる「心の使い方」です。

これを練習していくうちに、多くの悩みが不思議なくらい消えていきます。

最も素朴なサティの定義は、**「心の中に〝ある〟ものを〝ある〟と理解すること」**です。「理解」の代わりに「気づく」「察知する」「認識する」とも表現します。

心の中には、すでにお伝えした通り、カラダの感覚、怒り・喜びなどの感情、アタマで考える思考、意欲などがあります。こうした、心に〝ある〟もの（反応）をよく見て、「今、心にはこういう反応がある」と客観的に理解するように努めることが、快適な心と生活づくりの第一歩になります。

そこで実践です――〝カラダの感覚に気づく〟練習を始めましょう。

目を閉じて、次のことに意識を向けてください。

プチ修行 2

〝心のアンテナ〟を全身に向ける

①**音**に気づく――暗闇の中で「音」が響いていますね。人の声？　車の音？　町の喧噪でしょうか。その雑多な「何かが響いている」状態が〝音〟です。

「ああ、これが〝音が聞こえている〟状態なんだ」と、客観的に理解してください（ふだんは意識しませんが、〝聞こえる〟ということ自体、驚いていい現象です）。

②**視覚**に気づく――目を閉じたときに見える、目の前の「暗闇」をじっと見つめてく

ださい。黒を背景に、赤や緑や白の微細な光の粒子がチリチリと広がっているのが見えますね。それが目の網膜がとらえた光、つまり視覚です。「これは〝見えている〟状態である」と、客観的に理解してください。

○この観察を続けることが、ひとつの練習です。ただ聞こえている、ただ見えている――その「状態」を確認するだけ。その間に〝無常〟である感情や思考や意欲は、弱くなり、消えていきます。

○「薄目を開けて見る」ことも可能です（坐禅では「半眼《はんがん》」と呼びます）。このとき外の様子が目に入ってきますが、反応せず、「見えている」（これは視覚である）とだけ確認します。仏像のように無表情、クールに「認識しているだけ」の状態を保ちます。

③触覚に気づく――肌の感覚にも意識を向けます。

○目をつむった状態で、手のほうを〝見て〟ください。見えているのはただの暗闇ですが、そこに「手」の感覚があるのはわかりますね。では、**握る、開く**の動作をしてください。「握ると手の感覚はこう変わる。開くとこう変わる」と意識します。

○さらに、その**手を、ゆっくりと肩のあたりまで上げます**。その間も目を閉じたまま、手を見続けてください。肩まで上がったら、ゆっくり下ろしていきます。

このときも「手が上がっている。上がっているときの感覚はこうである（こう変化する）。手が下がっている。下がっているときの感覚はこう動く」と、観察しながら意識します。

○次は、**お腹のふくらみ・ちぢみ**です。目を閉じた状態で、吸っているときのふくらんでいく感覚、吐いているときのちぢんでいく感覚を、意識します。

意識しにくい（感じ取ることが難しい）人は、目をつむった状態で腹部のほうを実際に見るとか、手のひらを腹部に当てて、感覚を感じ取るようにしてください。

○**足の裏の感覚**にも意識を向けてみます。座っていても、立っていてもかまいません。

目を閉じると、暗がりが見えますね。その状態で足元を〝見て〟ください。「遠く」にたしかに存在する「足の裏の感覚」を意識します。

その足を、①持ち上げます。②前に運び（踏み出し）ます。③床に下ろします。

このときの足の裏の感覚を、しっかり意識してください。上げているとき、宙に浮いて前に運んでいるとき、そして床に着き始めてからぺったり着くまでの感覚を、よく感じ取ります。

「上げている、運んでいる、下げている」と言葉で確認しながらやってください。踏みしめたときの〝感触〟や〝重み〟も、注意深く観察します。

――このように「よく意識する」（注意を向ける）ことが、「念じる」（マインドフルである）ことです。先ほど「シャワー禅」を紹介したところで、「！」を連発しましたね。あれは「よく意識している」「サティを向けている」ことを表現するためだったのです。

となると、歩くサティ（歩行禅）のときも、足を「上げている（！）」「運んでいる（！）」「下げている（！）」と、一つひとつの動きをしっかり意識して行うことです。これが「心を洗うジェットシャワー」になるのです。

プチ修行 3

仕事前の「三〇秒座禅」

オススメは、仕事などの作業を始める前に、三〇秒ほど目を閉じて、腹部のふくらみ・ちぢみや、足の裏の感覚に意識を向けることです。三〇秒でも、小さな雑反応を洗い流すのに十分な時間です。

一分、五分、三〇分――と、長めにやってもかまいません。タイマーを使うこともできます。

目を開いたときには、感情も思考もなし。「目の前の作業」だけがあります。そこから「集中!」です。何も考えずに、いけるところまで突っ走る(集中する)。

目を閉じる、感覚に帰る、ムダな反応をリセットする、そしてスタート、です。

ラベリング――〝言葉で確認〟を習慣に

サティの力を高める上で役に立つのが〝ラベリング〟――つまり「言葉による確認」です。

たとえば、服を着るときは、「今から服を着ます」「今、服を着ています」「今、服を着終わりました」と、ひとつずつ動作を確認します。

もう少し細かく、「ハンガーを下ろす」「服を外す」「腕を通す」「ボタンをかける」と、ひとつずつの動作を確認することも有効です。ただ、神経質になる（細かく確認しすぎる）必要はありません。**「今、何をしているか」をはっきり意識すること**がポイントです。

このラベリングの目的は、サティの力を強化することです。というのは、ほとんどの人は、いつも反応――妄想や怒りの感情など――でアタマが一杯なので、自分の心の状態に気づく（サティする）ことが、うまくできません。だから「言葉による確認」によって、意識をムダな反応に取られないように〝歯止めをかける〟のです。駅員さんが「右よし、左よし」と指さし確認しているのと同じです。

プチ修行 4 ラベリングで心を「整理整頓」

この〝言葉による確認〟を「自分の心」についても行います。たとえば、

○怒りを感じているときは、「怒りの感情がある」と確認します。
○イヤな過去を思い出してしまうときは、「記憶を思い出している」と確認します。
○緊張しているときは、「緊張している」と確認します。

カギとなるのは、感覚であれ、感情、記憶、妄想であれ、「客観的に言葉で確認する」ように努めることです。

「確認用」の言葉は、あらかじめストックしておくとよいでしょう。本書で紹介した

「感覚・感情・思考・意欲」もひとつだし、「怒り・欲・妄想・慢」もひとつ。「言葉で確認する」ことが目的なので、自分なりの言葉でもかまいません。

プチ修行 5

「心の指さし確認」で人生に迷わない

この「言葉による確認」は、意識をムダな反応に奪われず、目の前の大事なモノゴトや人生の目的に集中するためにも、役に立ちます。

人の心は、ついムダな反応に走ってしまって、小さなことに腹を立てたり、余計な妄想をしたりします。「またやってしまった」と後悔したり「なんでわたしはいつもこうなんだ」と落ち込んだり。「あれ、何をやろうとしてたんだっけ？」と最初の目的を忘れていることも、正直よくある話です。

だからこそ、「心の指さし確認」を心がけるようにします。「今からこれをやります」と宣言して、作業に集中する。「今から駅に向かいます」と確認して、歩くことに集中する。その間に「あ、新しいお店ができたんだ」と〝反応〟したりしますが、そのときこそ「あ、反応した」と気づくようにしてください（ここが修行の正念場です）。

反応した、と気づいた上で、「お店を覗きます」と自己確認して、お店覗きに集中するならOKです。それは「気づきの修行」が身についてきたということです（拍手）。

「今しなければならないこと」に心を注ぐ

このサティとラベリングは、気づきの力を育てる〝車の両輪〟みたいなものです。サティは、とことん細かく意識すること。ラベリングは、言葉で大まかに確かめること。いずれも、ムダな反応に流されず、今しなければいけないことに心を注ぐための練習の基本です。

毎日体を手入れして清潔に保つように、心も日々整えて、クリーンに保ちたいと思いませんか。そのために、歯磨き、お風呂と同じように、気づきの修行——サティとラベリング——を実践しましょう。

実践！ 毎日できる〝感覚のプチ修行〟リスト

――「気づきの力」を高めるエクササイズ

プチ修行6 電車禅&外歩き禅でメンタルリセット

駅のプラットホームや電車の中、家を出てから帰るまでの間に、少し時間が空くことがありますね。そのときこそ、サティの修行のチャンスです。①足の裏、②腹部のふくらみ・ちぢみの感覚に、意識を向けます。または、③心の状態（ストレス・不満や妄想など）を言葉で確認します。

スキマ時間には「ついスマホ」が最近の定番ですが、「心の指さし確認」を忘れると「テキトー反応」に流れて、心は拡散してしまいます。結果としてアタマはボンヤリ、モヤモヤ、ザワザワして、心の能力が極度に低下します。

反応は、散らさず増やさず、リセットすることが基本です。せめて移動時間は、感覚に意識を向けましょう。そして、さっぱりした心の状態に戻ることです。

プチ修行 7

心を尽くして「家事」

家事や雑事も、心がけしだいで「心のクリーニング」に使えます。要は「意識を感覚に向ける」という発想。これさえあれば、体を動かす作業なら、なんでもOKです。たとえば、デスクの片づけ、ファイルの整理、部屋の掃除機がけ、料理作り、食器洗い、お風呂洗いなど。コツは **〝いっときに、心を尽くして、ていねいに〟** やることです。

人間は「あまり生産性のないこと」をやりたがらないものですが、発想を切り替えれば、おトクな効果が見えてきます。**「作業は、心をきれいにする（磨く）もの」** と考えるのです。

最近は「お掃除ロボット」なるものも人気だそうですが、たまには掃除を「心のクリーニング」に活かしましょう（ガチ掃除）。〝気づき〟ながらやれば、掃除ひとつで心はピカピカになります。部屋もきれいになるし、一石二鳥ではありませんか。

プチ修行
8

「温度の落差」に感動してみる

気づき（サティ）による心の浄化は、体の感覚に「集中する」方法以外に、「感覚の落差にあえて反応する」方法でも可能です。

たとえば、冬に室内で仕事してちょっと疲れを感じたら、「上着を着ないで」一度外に出ます。めっちゃ寒いです。「寒い、寒いぃ」と感覚で反応します。その間に、疲れや雑念を振るい落とします。そして室内に戻って「はァ、あったかい。幸せ……」と実感します。

夏なら、「暑いよー」とうだっていないで、むしろ小走りして「暑いで、暑いでぇ（なぜか関西弁）」と暑さを嚙みしめ、そこからクーラーの効いたコンビニやオフィスビルに飛び込んで、「おお、涼しい。むっちゃ幸せやん……」と感動します。

実際、坊主頭の私は、このプチ修行を日々実践しています。夏はコンビニの棚に頭を近づけ、冬はニット帽でぬくもりを感じて、心をクリーンに保ち続けています（？）。

プチ修行 9

近くの銭湯で「若返る」

月に一度や週末など、特に疲れが溜まったときは、ぜひ「銭湯」に行きましょう。銭湯の湯温は高めなので、HSP（ヒートショック・プロテイン）を体内に作ってくれるとか。そしてこれが、疲労回復、美肌&ダイエット効果、免疫力や新陳代謝を高め、ストレスで傷ついた細胞を修復してくれるとか。さらに熱い湯の中で、体の感覚に意識を向ければ、心を浄化することにも、すこぶる役立ちます。

さっそく職場の周り、あるいは自宅近くの銭湯をチェックして、行ってみましょう。小さなストレスや雑反応は、熱い湯に浸かるだけで、きれいに取れてしまうものです。

第2章
「感情」のプチ修行
――憂鬱になりがちな毎日に“メリハリ”がつけられる

「感覚を意識する」ことが、心のクリーンさを保つ方法だとすれば、本章で体験するのは「気分にメリハリをつける」方法です。

つまり、感情の快（喜び・楽しさ）を増やし、不快（怒り・悲しみ・落ち込み）を減らす練習――これによって、マンネリになりがちな生活に変化をつけ、憂鬱になりがちな気分をアッパー（上向き）に盛り上げるのです。

〝感覚〟に続いて〝感情〟を生活の彩《いろど》りとして活用する方法を、ブッダに学んでみましょう。

「感情」の修行　基本

心の基本は〝ニュートラル〟と知る

感情は三種類

まず〝感情〟という心の領域について、基本を押さえておきましょう。

感情は、一般に、喜び・怒り・悲しみ・楽しさなど、さまざまに表現されますが、仏教的には、「感情は三種類のみ」です。つまり、

①快――好き・楽しい・ハッピーというポジティブな反応
②ニュートラル――快でも不快でもない状態（正確には「感情がない」状態）
③不快――嫌い・イヤだ・苦痛だというネガティブな反応

このうち一般に「望ましい」と思われている順番は、①＞②＞③、でしょう。人は楽しいこと・面白いこと（①の快反応）を期待し、②のニュートラルな状態には、「退屈」「つまらない」「何か面白いことはないかな」と反応します。そしてなるべく不快な反応はしないように（怒らないように）と考えます。

しかし、驚かれるかもしれませんが、ブッダの智慧にてらせば、この順序は正しくありません。

というのは、この順番は、人が思い描く「理想」にすぎず、「現実」の反応は違っているからです。人々の現実は、**「楽しいことを探して不満を生み出し、不快を遠ざけようとしつつ、実際には怒ってばかり」**という姿です。

理想と現実がかみ合っていないと、どこまでも悩みや満たされなさは続きます。

人は理想ばかり追いかけたがるものですが、仏教ではまず「現実を正しく理解」した上で、それを修正・改善する確実な方法を考えるのです。

ここは、世間の常識から〝目を醒《さ》ます〟大事なポイントなので、次に詳しく考えてみましょう。

心は「ニュートラル」が基本

人は快を追いかけ、不快を遠ざけたがる。しかし実際は「快に追いたてられ、不快に振り回されて生きている」。それが現実です。けっして幸せになっていません。

なぜかといえば、やはり「心を理解していない」からです。

たとえば、多くの人は、快を「欲の満足」だと思っています。そして今の時代は「欲を刺激してくる情報」が氾濫していて、「こんなモノがあります」「これもオススメです」「こんな刺激的な映像が」と、頼みもしないモノが目の前に現われ、反応を追ってきます。欲の満足が快だと思う〝心〟は、こうした刺激に瞬時に飛びついてしまうのです。

また「怒ってはいけない」とわかっていても、現実の相手の声や表情についイラッとしたり、ふとイヤな記憶を思い出したりして、心はザワザワした感情から逃れられないでいます。

こうした悩ましい日常は、どこから来るのでしょうか。それは「反応すればイイコトがある」「反応すること以外に、心の使い方を知らない」という〝心の習慣〟(ライフスタイル)からではないでしょうか。反応し続ける生き方しか知らず、反応するなら快か不快かという二者択一しか知らないために、すぐ感情で反応し続けてしまうのです。

「感情の反復横跳び」はツラい

では、仏教的に望ましい「心の習慣」とは、どういうものでしょうか。

それは〝ニュートラルでいること〟――つまり、快にも不快にも反応しない状態であることです。世間の常識では「退屈」「つまらない」と感じてしまう、この状態こそが、本当は「心の基本」だということです。

なぜかというと、快か不快かという二者択一の反応は、心にとって「疲れる」からです。この状態は、快から不快、不快から快へと「感情の反復横跳び」をしているようなものです。体を使ってやるなら、右、左、右、左と〝真ん中〟をすっ飛ばしてジャンプしているようなもの。やってみてください。これ、相当に疲れます。

もしムダな反応で消耗したくなければ、快でも不快でもないニュートラルな状態に戻ることが基本です。これで心はラクになれるし、反応以前のクリーンな状態に戻れるのです。

思えば、安らぎ、落ち着き、穏やかさ、思いやり、優しさ、そして大事なモノゴトに集中する力、へこたれずに持続する心の能力というのは、快か不快かではなく、ニュートラルな精神状態から始まっているとわかります。

となれば、日頃の心の持ち方・心の習慣としても、「まずはニュートラルな心に立つ」ことが基本になるのです。この点でも、第1章で紹介した「サティ&ラベリング」は、とてもよい練習になります。

楽しさは「当てにしない」。不満は「人生につきもの」

ニュートラルな心を基本にすえるとして、では、快（喜び・楽しさ）と不快（怒り・不満）は、日々の生活にどう位置づけるべきでしょうか。

まず快は、心を盛り上げてくれる大事な感情ですが、その一方で「当てにならない」

「取り扱い注意」の感情だと、理解しておきましょう。

というのも、**仏教的には、快には二種類あるのです。①欲を満たして満足するという快と、②心に苦痛がない――執《とら》われ・わだかまりがない――心地よさとしての快**です。

このうち、欲の満足という快は、先ほど触れた通り、注意が必要です。欲にはキリがなく、刺激を受けて「再生」してきます。だから刺激にあふれる消費社会に無防備に飛び込むと、欲におぼれて、他のことができなくなります。

そもそも、どんな快も、長続きしません（心は無常）。また、ひとつ反応すれば、別の妄想やら欲望が数珠つなぎに出てきます（心は止まらない）。

となると、「快楽を求めよう」「人生は楽しまないと」という発想は、世間で強調されているほど、正しいとはいえないのです。

「怒らないこと」で問題が解決するわけではない

また、不快な反応（怒り）についても、真実を正しく理解する必要があります。

世間では、「怒ってはいけない」「怒らないことこそ美徳」という発想をよく耳にしますが、現実には、不満・不快を避けられない状況があることは、たしかです。

たとえば、同じ職場で、会社に貢献しようという動機は同じでも、進め方や方針が食い違うことはよくあります。熱心であればあるほど、「こちらの方法のほうが結果を出せるのに」と、くやしい思いをすることはあるでしょう。

まして、価値観や性格が異なる人と人とが関われば、ときに勘違いやすれ違いや感情的なぶつかり合いが生じることは、日常茶飯事です。

心と心は別モノ。人と人は違う生き物。とすれば、**いつも心地よい関係でいられるほうが、不自然なのかもしれません**。

こうした現実を冷静に見つめてみると、「怒ってはいけない（不快に反応してはいけない）」という発想だけでは、足りないことが見えてきます。

もっと現実に即して考えるなら、

①怒りで反応しない心の使い方と、

②怒りを感じている・感じたときの自分自身の感情への向き合い方、

という二段がまえの方法が必要なのです。

こうした理解を踏まえると、ふだんの感情の持ち方として望ましいのは、

①ニュートラルが基本、

②快はおまけ、

③不快は避けるべきだが、反応することは人との関係に不可欠だから、不快を感じたら上手に解消する、

ということになります。

では、具体的な練習に入りましょう。①のニュートラルな心の持ち方は、第1章の『感覚』のプチ修行」で手に入れてください。

本章では、「不快な反応の扱い方」と、「快を増やして快適さをアップする方法」の二つを練習したいと思います。

「感情」の修行　実践その一

不快な反応を〝外から眺める〟

まずは、日常につきものの「不快な反応」の扱い方から始めましょう。

「心の基本はニュートラル」ですが、実際には人と人とが関わるかぎり、反応は避けられません。また、話し合いや交渉事など「感情がモノを言う」場面も、よくあります。

こうした場面で大事なのは「過剰に反応しない」「不快な気持ちに囚われない」ことです。感情に支配されないこと——。

ただ「理屈はわかるけど、実践が難しい」という人は、大勢います。たしかに「感情」はコントロールしがたいもの。でも仏教には、とっておきの方法があります。

その最大のコツは、**「感情を外から眺める」（反応を客観的に見る）**ことです。

プチ修行
10

動じない自分を作る「と言葉」

「感情を外から眺める」練習の第一歩は、自分の反応に〝気づきの言葉〟をつけ足すことです。たとえば、

「――と（私は）怒っている」

「――と（私は）反応している」

「――と（私は）不満を感じている」


という具合に、言葉で確認するのです。「反応を客観視する」ことがポイントなので、言い方は工夫してかまいません。たとえば、

「と、怒ることはできるけど……さて、どうしたものかな」と考えなおす。

「（ひどい、と立腹したあとで）ソレ、怒っていいですか？」と聞き返す（けっこう怖いかも）。

「と、ワタシ怒ってるし」と、他人事《ヒトゴト》のように言ってみる。

いずれも、「——と」以下を強調して言う（念じる）ことが、ポイントです。

この「と言葉」は〝意識〟を〝気づき〟に使うことで、反応を客観的に観察するとともに、反応の量を減らす意味があります。たとえば「怒り心頭」は〝意識の大半〟を〝怒りの感情〟に使っている状態ですが、「と（私は）怒っています」と〝気づき〟に使えば、怒りに使う意識の量は減ります。その結果、怒りが少し収まります。

意識を気づきに使えば使うほど——「と言葉」で心を客観視できればできるほど——怒りに使う意識の量が減り、結果的に怒りが静まるというしくみです。

プチ修行 11 「反応はできるけど」と余裕をかます

「意識を気づきに使う」という発想は、さらに「前倒し」もできます。つまり、実際に感情で反応するより前に、客観的に気づくことに心を使おうということです。

たとえば、相手とイザ向き合おうというときに、あらかじめこんな〝ツッコミ〟を自分に入れておきます。

「反応はできるけど――」

「さて、これからどう反応（対応）しようか」

ポイントは、実際に反応する前に、「自分の反応を客観的に観察するぞ」という立場に自分を置いてしまうことです。すべての反応は〝意識〟から始まりますが、その意識の使い道として、**最初から〝気づき〟（観察）に使うことを決めておいて、「反応しない」心の準備をする**のです。

「と言葉」が「現在の感情に気づくため」なら、これは「あらかじめ意識を気づきに使うため」の工夫といえます。

この自分ツッコミには、第1章の「感覚」のプチ修行――〝気づき〟（サティ）を鍛えること――が、欠かせません。ぜひ自分（の反応）にツッコミ（気づき）を入れる練習をしてください。これは、心を相当強くしてくれます。

プチ修行 12

相手を裁かず、ありのままを理解する

「意識を気づきに使う」ことを徹底すると、「ただ理解する」という心がけになります。

このときは、**相手をあれこれと判断せず、その心中を妄想せず、ただその人が何を言っているか・しているかを、ニュートラルな心で理解する**ように努めます。

もっとも、「ただ理解するというのが難しいんです」という声を、たくさん耳にします。その気持ちはよくわかります。ただ、だからこそ「練習する」のです。

実際に「良し悪しを判断せず、ただ〝ある〟ものを〝ある〟と理解することが、だんだんわかってきました」というお便りをいただくことがあります。「これまで自分が考えていたことは全部、妄想だったとわかりました。そしたら、悩みが消えてしまいました！」と、悟ったらしい（？）人の声も届きます。

こうした体験は、別に珍しいものではありません。本書で紹介する「正しい心の使い方」を練習していけば、やがて必ずたどり着けるものです。

ここでもまずは、サティの練習を積んで、自分の心に起こる「判断」や「妄想」に気づくように心がけてください。

そして徐々に「ただ理解する」というクリーンな心の眼を育てていきましょう。

「感情」の修行　実践その二

怒りを〝減らしていく〟

怒りを〝外から眺める〟ことは「怒りが湧くのを防ぐ」効果を持ちます。では「湧いてしまった怒り」は、どのように消せばよいのでしょうか。

怒りの感情も〝無常〟です。だから、放っておけば消えていきます。カギは「それ以上に反応しないこと」。だから、他の章で扱う方法にしたがって、感覚・思考・意欲に「心を使う」ことができれば、その間に感情は消えていきます。

「『感情』のプチ修行」を扱う本章では、怒りの感情を、感情のまま消去（フェイドアウト）する方法を、紹介しましょう。

これができると、日頃湧く怒りを、ごく数分、目を閉じて、特定の心の使い方を実践するだけで、消してしまえるようになります。

これも仏教ならではの便利な智慧ですので、ぜひお付き合いください――。

プチ修行 13

「怒りの割合」を数値化してみる

まずは、仏教の基本に帰って、「怒りの状態をありのままに見る」ことから始めましょう。

怒ったときに、目を閉じて、「目の前に広がる暗闇」を見つめてください。そこに自分の〝心〟があります。その暗闇の中には、肌の感覚も、目や耳や鼻の感覚も、次から次に浮かんでくる妄想も、怒りもあります。**今見えている「暗闇」全体が、「自分の心の状態」**です。

その中の「怒り」を意識してください。これは、サティとラベリングです。「私の中に怒りがある」「これは怒りで反応している心の状態だ」と、客観的に認識します。

では次に、おおざっぱでよいので、心の暗闇に占める「怒りの割合」を、数値で表してみてください。たとえば、

「ちょっぴり怒りを感じている。でも冷静さは保っているし、お腹のふくらみ・ちぢ

みもはっきり感じている——怒りの感情は、心の一〇パーセントくらいかな」

「めちゃくちゃ腹が立っている。他のことは考えられない。モノを食べる気もしない——怒り、ほぼ八〇パーセント！」

ちなみに心の領域は、人が思う以上に広いので、「激しく怒っている」状態でも、怒りの割合は、せいぜい三割くらいだと思います。でも本人には「ほぼ一〇〇パーセント」に思えたりするかもしれません。

ともあれ、自分の心の中で怒りが占める割合を「パーセントで表す」という発想を持ってください。これは、サティとラベリングのちょっとした応用です。

プチ修行 14

怒りの割合を〝カウントダウン〟する

では、その怒りの割合を「減らす」練習をしていきます。

最初の怒りの割合を「七〇パーセント」だと感じたとします。目を閉じて、目の前の暗闇（自分の心）を見つめて、「この状態は、怒り七〇パーセント」と、はっきり数値を言葉にしてください。現在の心の状態を、よく確認します。

では、ここからがポイントです――その数値を減らしていきます。減らすと同時に、怒りの量も減っていくと想像してください。**「怒りの割合が、数値に合わせて減っていく」**と考えることがポイントです――。

「五〇パーセント」「三〇パーセント」「一〇パーセント」……「ゼロ」。

怒りの割合が「ゼロ」――その状態を思い出して（想像して）ください。思い出しましたか？

これは、思考の力を借りた、怒りのない状態を思い出すシミュレーション（模擬実験）です。これをやって思い出すのは、「怒りがない状態もあった」ことです。

「ああ、そうだ。たしかに怒りのない状態もあった。気持ちが軽く、晴れやかだった」と思い出すこと。これが大事なのです。

プチ修行 15 「平和だった頃」を思い出す

怒ることに慣れすぎた人は、心に怒りがなかった時代を、みごとに忘れています。

しかし仏教が教えてくれるのは、〝意識〟がまだ〝感情〟に変わる前、人の心には、一切の怒りや悲しみのない、ニュートラルできれいな意識の流れがあった、ということです。古い仏教には**「心の中に仏《ほとけ》がいる」**という言葉がありますが、これは「心の底には、怒りなどの苦しみのない、きれいな意識が流れている」ということです。

人は、振り返れば、幼い頃、夢の多かった頃、人を信じられた頃、まだ未来が広がっていた頃――かぎりなく怒りの少ない時代があったのではないでしょうか。

その頃の心境を思い出してみるのです。けっこう素直で、無邪気で、明るかった自分が蘇ってくるのではないでしょうか。

人の心には、本当は、怒りも苦悩もない、きれいな意識が流れているものなのです。

ブッダが教えてくれる、この〝心の真実〟を、ときおり思い出してみてください。

「怒りのない心を、私は知っているのだ」と。

「感情」の修行　実践その三

〝怒れない心〟を育てる

怒りの真逆は「正しい理解」

怒ってはいけないと思いながら、なぜ現実は、怒り・不満だらけになってしまうのか。その一番の理由は、「心を正しく理解していない」ことにあります。

原始仏典に、おもしろい言葉があります――。

「目覚めている（はっきり理解している）人に、怒りは存在しない」

――ウダーナヴァルガ

ここで「目覚めている」とは、心の動きによく気づいていること、そして「心が反応するしくみを知り尽くしている」という意味です。

究極のところ、怒りが湧いた瞬間に気づけば、怒りは消えます。また「心（反応）のしくみ」を理解できれば、「つい反応して怒ってしまう」こともなくなります。結果的に「怒りが存在しない」状態になってしまうのです。

かなり極端に聞こえるかもしれませんが、仏教の修行とは、そういう「心の自由」を最終的に手に入れる方法です。

そこで、怒りから最終的に自由になるために、怒りの感情を「正しく理解」してみましょう。

怒ることで吸っている〝蜜〟に気づく

なぜ人は怒りたがるのでしょう。「怒ってはいけないと思っている。でもつい怒ってしまう」と、多くの人が言いますが、その「つい」とは一体何でしょうか？

その心理には、実はこんな理由が隠れています――。

○怒ることに単純に慣れている——性格的に怒りっぽい。過去や特定の相手に怒りを感じ続けている。こういう人の「つい」は「怒るほうがラク」という意味です。

これまでずっと小さなことで怒ってきたから、心が怒りの反応に慣れているのです。

これを止めようとすれば「怒らない反応」をイチから作っていかなければなりません。しかしそうした〝修行〟はやりたくないのです。

○怒ることで「元気が出る」気がする——こういう人も大勢います。「許せない！」「間違っている！」と相手を非難・断罪・批判することで、なぜかイキイキしてくる人です。

「怒ると元気が出る」のは、実は当然なのです。というのは「怒る」とは「反応する」ことですから「反応によるエネルギー」が湧きます（仏教では〝結生《けつしょう》〟と呼びます）。

それで「元気が出た」と思ってしまうのです。

そのエネルギーを別のイイコトに使えば、「怒りも使いよう」といえなくもありません。ただ、怒ることに心を使って「元気」を出し続けても、〝ニュートラル〟に比べれば、異常にエネルギーを使います（つまり、怒りは雑念でもあるということです）。さらに、たいていは他人の顰蹙を買って、独りぼっちになっていきます。

○**怒ることで「自分が正しい」と思える**——これは、怒って相手を「否定」することで、自分を「正当化」しようという心の働き（仏教にいう〝慢〟の反応）です。怒りという感情と、慢（承認欲）を満たす判断（思考）を同時にやってのけるという、人間特有の高度な（？）反応です。

このように、怒りには、いろんな〝蜜〟（快楽）があるのです。人は「怒りたくないけど、現実（相手・状況）がこうだから、つい怒ってしまうんだ」と訴えます。しかし、怒りの背後に隠れている「心のしくみ」を理解すると、「つい」という言葉の裏には、「それなりの快があるから、怒りで反応することを許している」——そういう事情があることが見えてきます。

怒りをよしとするか、克服するか「立ち位置」を決める

ただし、怒りは、そもそも自分にとって不快（気持ち悪い）です。また、怒りの感

情を人に向ければ、相手が苦しむし、怒りの応酬になって関係は悪化します。

果たして、それでいいのでしょうか？

人はみな、幸せになりたいと願っているのに？

みんな、つらくしんどい思いをして、それでも頑張って生きているのに？

日々の現実や、人との関わりに、不満はつきもの。だとしても、その不満をそのまま押し通すことが正しいとは、いえませんよね。怒りが終着点ではない。怒りそのものを「正しい」とすることはできない――。

だとすれば、いっそのこと「怒りそのものから自由に」なっても、いいのかもしれません。「怒りそのものの根っこを断つ」のです。過去に怒っていた場面で、もう怒れなくなる練習です。

そんなことができるのかと思うかもしれませんが、仏教の発想を借りれば、意外とシンプルな練習法が出てきます。

それは「動機を入れ替える」という方法です。

プチ修行 16

「お役に立てればよし」と考える

仏教にいう〝**動機**〟**とは、心の最初に置く**〝**心がけ**〟のことです。そこに「お役に立つ（貢献する）」という動機を置きます。

これは、仏教にいう〝慈しみ〟と〝喜の心〟に基づきます。つまり「相手の幸せを考える」ことと「相手の喜びを自分の喜びとして感じ取る」ことです。

世の中には、人生の動機を〝欲〟と〝慢〟に置いている人が、少なくありません。賞賛されることや人目を引くこと、プライドを守ることを、優先させてしまう人です。

ただこうした生き方では、欲や慢にはキリがないため、本当の満足にたどり着くことは、正直ありません。仮に世渡り上手で多少の成功を得られたとしても、心はどこか渇いて、「これでいいのかな」という思いが抜けなかったりするものです。

これは、「心の使い方」、特に「意識を使う順番」を間違えていることから生じます。つまり、もともとニュートラルで純粋な〝意識〟を、真っ先に欲や慢に使っている（反応させている）ため、いつまでも喜びを感じられないのです。

正しいのは、意識を、まずは人の幸せや利益を願うこと（慈しみ）と、相手の喜びや満足を感じ取ること（喜の心）に使うことです。

この二つを合わせた思いが、**「お役に立てればよし」**という心がけです。

これは練習しだいで、できるようになります。単純な例では「仕事の最初に口に出して言ってみる」だけでも、徐々に効果は出てきます。

これは、**人生最強の心の使い方**です。

というのは、役立つことで、周囲の評価や感謝や友情を得られるし、「役に立った」という充実感・達成感は、それ自体が喜びだからです。また、相手の喜ぶ姿を見て、自分も喜びを感じることができます。

今こそ考えるべきは、**「どんな心の使い方が、自分に最大限の幸福をもたらしてくれるか」という〝合理的な発想〟**です。欲や慢に囚われて、永久に不満足のままでいるというのは、非合理な生き方ではないでしょうか。ほんの少し「心の使い方」の順番を変えるだけで、人も自分もハッピーになれる、合理的な考え方が、いや生き方が、できるようになるのです。

プチ修行 17

「相手も大変なんだ」と考える

もうひとつの心がけは「悲の心から入る」ことです。これは、人と向き合う最初に、相手の悲しみ・苦しみを見るという心がけです。

たとえば、意見が食い違って対立している相手がいるとします。そのときも、こちらの要求や怒りをぶつけるのではなく、相手が感じているであろう苦労・苦痛を「まず感じ取る」ようにするのです。

「わかってもらえない上司の存在が苦痛だ」――そんなときも、「あの人にもいろんな事情があるのだろう」と考えてみます。

こうして〝悲の心〟を忘れないようにすると、面白いことに「心に余裕」が生まれます。「困ったものだなぁ」「はて、どうしたらよいのかな」「どのあたりが落としどころ（最善の選択）だろう」と、「方法を考える」ことに意識が向かうようになるのです。

そこで、まずはこんな練習から――外を歩くときに、見かける人々に**「みんな大変**

なんだろうな」という思いを向けてみてください。一〇〇パーセントハッピーという人は、誰ひとり存在しません。その真実を忘れないように心がけるのです。

プチ修行 18 関西弁で「いたわる」

ちなみに〝悲の心〟の実践を「関西弁で」やってみる手もあります。ふだんと違う言葉を使うほうが心の抵抗が減り、意外と馴染みやすいかもしれません。たとえば、向き合っている人に、「アンタも大変やなぁ」と、同情をこめて言ってみる。

厄介な相手には、「難儀（厄介）なヒトやなあ、相手しきれんわ」と、ため息混じりで言ってみる。

「ほな、ジブン（あんた）、どないしたいねんな？」と、困った顔で聞いてみる。

どうですか。あまり深刻な感じにならずに、プチ修行ができるような気がしてきませんか。

「感情」の修行　実践その四

ストレスを〝溜めない〟付き合い方

「ついグチをこぼしたくなる」ときって、たくさんありますよね。不平、不満、「どうも納得いかない」思いに駆られたとき、「ちょっと聞いてよ」と誰かに打ち明けたくなります。こうしたときの「上手な心の使い方」とは、どういうものでしょうか？

プチ修行19

「沈黙タイム」を作る

「仏教」を杓子定規に適用するなら、「グチをこぼしてはいけません」ということになるでしょう。「悪口や批判は〝正しい言葉〟ではない」というのが、伝統的な教えだからです。たしかに、それは真実です。

ただもう少し厳密に考えてみると、なぜ批判的な言葉がいけないかといえば、「心の清浄」（クリーンな心づくり）を妨げるからです。つまり言葉を発することで、自身の怒りや慢といった〝煩悩〟（心の苦しみ）が増えてしまうのです。

だから言葉を発せず、むしろ「沈黙を保つ」ほうが望ましい。言葉によって〝気づき〟が阻害され、自己理解が妨げられることも理由です。

だから、ミャンマーなどの瞑想道場では、「沈黙が第一ルール」になっています。仏教の世界では「沈黙こそが正しい言葉」なのです。

そこでひとつ、プチ修行が出てきます。沈黙こそは、反応を静め、「正しく理解する心」を育てる効果的な方法。だから、意図的に〝沈黙タイム〟を作るのです。

家庭なら、**夜の一時間は、家族全員で沈黙タイムを守る**。その間は、互いに話しかけない、干渉しない。本を読むのも、イヤホンを使ってテレビを見るのも、晩酌するのもいいけれど、互いの姿を見ても話しかけない。

実際やってみるとわかりますが、「沈黙」は人を相当冷静にします。ふだんの関係が、いかに不躾《ブシツケ》で、相手の領域に無遠慮に踏み込んでいたかが見えてきます（つまり日頃は、しゃべりすぎということ）。

職場でも、「午後△時からの一時間は沈黙タイム」と決めてみるとよいのです。いわば職場を「精神修養の場」に使うのです。外からの電話応対は仕方がないとしても、同僚には沈黙を保つ。作業は捗《はかど》るし、ここでも互いへの理解・洞察は深まるはずです。沈黙は、驚くほど心を成長させます。また相手への尊重や正しく理解する眼を育てくれる格好の修行です。ぜひ試してみてください。

プチ修行20

グチを言える「正しい相手」を探す

とはいえ、ずっと「沈黙」を決め込むわけにはいかないし、不平不満が溜まっているのに沈黙させられては、心が窒息してしまいます。「グチをこぼしたくなった（それくらい鬱憤《うっぷん》が溜まってしまった）」ときは、どうすればいいでしょうか。

「こぼしていい」というのが、ここでの回答です。「ただし、条件を守って」ということです。つまり、

○グチをこぼして、怒りが増幅してしまうようなら、沈黙のほうが正しい。

○グチをこぼして、スッキリ怒りが解消されるなら、こぼすことも正しい。

「怒りが解消されるか」が、ポイントです。気の合う友だちに、職場であったことや家族への不満を語ることは、みんなよくやっていますよね。

そのときに「自分の正しさを証明しよう」（承認欲）という動機だと、語れば語るほど、「自分は正しいのに、なんでアイツはわかろうとしないんだ！」「ねぇ、ひどいと思わない？」と、怒りが増幅してしまいます。また、自分の言葉にいっそう反応して、「しゃべっているうちに、余計に腹が立ってきた！」となってしまう場合も、間違ったグチのこぼし方です。

■「聞いてくれる相手」が正解■

グチをこぼすなら、「怒りを解消できるやり方で」というのが、鉄則です。それはつまり**「相手に理解してもらう」ことが条件**ということです。

気の合う友だちにグチをこぼせば、相手は笑ったり、うなずいたりして、ただ話を聞いてくれるでしょう。それで自分もスッキリします。だから「理解してくれる人」になら、グチはこぼしていいことになります。

逆に、こちらがグチをこぼしたときに、「理解」以外のリアクションを返してくる人は避けるべきです。

たとえば「そこはこう直せばいいんじゃない」と余計なお説教をしてくるとか、「君も苦労しているんだねぇ、でも大丈夫、人間はそうやって成長するんだよ」と、なんとなく上から目線のズレた「励まし」をしてくるような相手だと、「言わなきゃよかった」ということになります。

「理解してもらえる相手」かどうかは、選ばなければいけませんね。

プチ修行
21

「わかってくれればありがたい」で動揺しない

仏教的な視点でいえば、人と人との関係は「理解してもらう」「理解してあげる」ことが基本です。

感情的に対立したときに、「相手に自分の正しさを認めさせよう」としても、うまくいきません。それは自分の承認欲、つまり慢にもとづく反応です。そうした思いで、いくら不満・主張をぶつけても、受け止めてくれる人は、あまりいないものです。

正しいのは、「自分の感情をまず理解してもらおう」という発想です。ただ理解してもらうだけ。グチをこぼすのも、本人に直接伝えるのも、理解してもらうことが目的です。

ただし、このとき「理解してもらう」ことに執着する（わかってもらいたいと期待しすぎる）と、逆に何も言えなくなったり、伝わらない不満や淋しさを抱えたりします。一番よいのは、**「理解してくれればありがたいし、そうでなくても、それは相手の領域」と割り切る――相手を尊重する――こと**です。

人と人とが関われば、感情が生まれます。その感情が収まるのは、ひとつは「自分の感情を、自分でよく理解できたとき」。もうひとつは、おもしろいことに、誰かに「理解してもらったとき」です。

となると、人間関係の基本とは、相手の感情を理解しようと努め、また自分の感情を理解してもらうように努めることだ、ということになります。

「互いの感情を理解するように努める」ことが人間関係の鉄則になるということです。

プチ修行
22

「自分を知っている」人は孤独に強い

ただ、人生はせつないもので、誰にも理解してもらえない状況も、ときには生じます。職場でも、学校でも、近所の人間関係にも、生じうることです。

これは一概にはいえませんが、仏教の発想に立つなら、どんなときも**「自分を理解することを忘れるな」**ということになるでしょう。

もともと仏教では「孤独」がイケナイことだとは、考えません。そもそも人は、持っている肉体も、脳も違います。物理的には、生まれたときから「独り」です。

その状態が「孤独」として忌み嫌われているのは、ひとつは「理解してもらいたい」――認められたい・愛されたい――という願いがあるからではないでしょうか。

その気持ちは、わかる気がします。孤独というのは、淋しいものです。

■「自分を理解している」が一番大事■

ただ、仏教の発想でいえば、理解してもらえるかは、あくまで〝他人の領域〟です。つまり、他人が理解してくれるかどうかは、他人が決めることで、自分自身が選べることではない。自分が選べるのは、自分自身の心の持ち方。そして、自分自身が誰よりも自分を理解しているかどうかです。

自分をよく理解すること――その心に、満たしきれない欲や、捨てきれない怒りや慢が、どれほどあるか。もしあるなら、それを浄化することが、自分の務め（テーマ）になるでしょう。

また、人のために何かしらよき働きをしようという善き動機があるか。もしきちんとあるなら、そんな自分を肯定することに努めることになるでしょう。

今の自分を、もしかしたら誰かが認めてくれるかもしれないし、いつまでも認めてもらえないかもしれない。ただそれは「人さまの領域」です。わかってもらえたら、ありがたいし、わかってもらえなくても、それはそれでよい。

究極のところ、自分の心の状態――満足か不満足か――を決めるのは、他人ではなく、自分だからです。

孤独を恐れないこと。理解してもらえなくても、苦痛を感じないこと。それは、自分の心の動きや、心の深くにある自分の動機を理解することで、可能になります。

まずは、自分の心を理解することに努め、心の苦しみを減らして、喜びを増やしていく「心の使い方」を学んでいきましょう。

その道のりが、孤独に負けない強さになります。


「自分の人生を生きることを大切にし、よく言われても悪く言われても心動かさず、泥水に汚れない蓮の花のように、心の聖域を保って、ただひとり生きよ」

――スッタニパータ

「感情」の修行　実践その五

ズバリ、「喜んでみる」

不快な感情の扱い方を覚えたら、今度は、快の感情、つまり喜び・楽しさを増やす方法も覚えましょう。これは、心を活気づけ、マンネリになりがちな日常にメリハリをつける大事な修行になります。ぜひ、日々の生活習慣にしてしまいましょう。

快（楽しい）は四種類

まず、快の感情の基本を知っておきましょう。人が喜びを感じるのは、次の反応が生まれたときです。

①欲求が満たされたとき（欲の満足）
②不快な感情から解放されたとき（心が浄化されたときの快）

③感覚・思考・意欲に快や楽しさを感じたとき（これは人さまざま）
④相手の喜びに共感できたとき（喜の心で反応したとき）

このうち、①の「欲求」とは、食欲や睡眠欲や承認欲などです。その満たし方（ノウハウ）は、世間にたくさん出回っている（生活改善グッズや成功哲学など）ので、そちらにお任せしたいと思います。

仏教が得意とするのは、②以降です。②の「不快感からの解放」については、本書で紹介するプチ修行のすべてが、役立つはずです。ここでは特に、③の「快を感じる」コツと、④の「喜びに共感する」方法を、学んでみましょう。

この二つは、いわば「仏教的人生エンジョイ術」です。上達すればするほど、生活の中で快＝ヨロコビを感じることが、増えていくはずです。退屈、マンネリ、淋しさ、虚しさなど、いろんな心の隙間を埋めてくれる〝ご利益《りやく》満点〟の修行です。

快の基本は「集中すること」

快を感じる最大のコツは、意外かもしれませんが、「集中する」ことです。

仏教的にいえば、ひとつの対象に意識をなるべく多く注ぐこと――〝一点心注《いってんしんちゅう》〟と表現します。よく「集中力を身につけたい」という声を耳にしますが、仏教的には、コツは二つあります。

①（まず前提として）意識を余計なモノゴトに使わない（一点以外に反応しない）

②一点に意識を注ぎ続ける

前者を仏教では〝正定《しょうじょう》〟――心を定める――と呼び、後者を〝正精進《しょうしょうじん》〟――一定レベルの集中を継続する――と表現します。

心の容量は「限られている」！

ここで大事な真実を、お伝えしておきましょう。それは**「反応に使える意識の量には限りがある」**ということです。つまり意識（心）には〝容量〟があって、人はその

〝手持ちの意識〟を、思考や感情などの反応に使っているということです。

これは、ふだんの精神状態を振り返ればわかります。

たとえば「ムシャクシャする」のは、怒りの感情に意識を使っている状態。「不安になる」のは、妄想に意識を向けている状態。いずれも、他のことを考えられず、楽しむこともできませんね。このことは、意識の容量が案外小さいことを示しています。

ちなみに、スーパーコンピュータの巨大な頭脳に比べて、人間の脳は一四〇〇グラムしかありません。物理的にこれだけ小さく、しかも人間は脳の何割かしか使っていないというのですから、意識の量はかなりわずかといえるかもしれません。

となると**〝限りある資源〟である意識を「何に使うか」**という視点が重要になってきます。

誰だって「ムダ使いしたくない」と考えますよね。モノやおカネをムダに使ってしまったら、「ああ、損した!」と大げさにくやしがります。

となれば、意識(心)だって、「ああ、ムダに反応して(使って)しまった!」と自覚しなければいけないはずなのです。

怒りに意識を使うのは、ムダ使いだし、損だし、もったいない。だって怒ること自体が不快だし、アタマが回らなくなるし、人間関係にも悪影響を及ぼすからです。

心がけるべきは、**限りある意識（心）を、自分にとって必要・大切なモノゴトや、快・幸せに使う**という発想なのです。**「人生を楽しむ」とは、いわば「心を節約する」こと、**「ムダなく心を快の反応に使う」ことでもあるのです。

集中すること自体が気持ちいい！

「集中すること自体に快がある」ことは、覚えておきたい真実です。

ここで、「意識とは〝流れ続けるエネルギー〟である」と最初に説明したことを思い出してください。仮にその流れ続けるエネルギーが「水」であれば、遮るものもなく、まっすぐに流れている状態が、一番勢いがあります。これと同じで、意識もまた、ムダな反応に散ることなく、ひとつのモノゴトに流れ続ける（反応し続ける）こと自体に、快があります。この状態を「フロー」と呼ぶ心理学者もいます。

つまり**「快を感じるコツ」というのは、意識をムダな反応に奪われることなく、一点に注ぎ続けること**にあります。「集中」が人生最大の楽しみのひとつなのです。

プチ修行 23

「目を閉じて」食べる

では、快を増やす練習をしてみましょう。最初のステップは、「感覚に意識を集中させる」ことです。

「感覚を意識する」ことは、すでに触れましたが（第1章）、ここではさらに「集中」します。余計な反応に気（意識）を奪《と》られずに、体の感覚――視覚・聴覚・嗅覚・味覚・触覚――のいずれか一点に意識を注入します。

たとえば〝味覚への集中〟――まず「今から食べることに集中します」と宣言します。そして目をつむって、口の中に食べ物を入れて、口を動かします。このとき目を閉じた暗闇の中に〝味〟が生まれるのがわかります。**その味を〝目を閉じたまま見て〟ください**。それが「味覚に意識を注ぐ」ということです。

なお、目を閉じて見える暗闇に、怒りや妄想などの別の反応がないかを、このときチェックしてください。雑念がなければ、暗闇の中にあるのは〝五感〟だけです。視覚・音・匂い・味・肌の感覚――そのいずれかに、実際に目で見るつもりで（でも目をつむったまま）意識を集中するのです。

プチ修行 24

積極的に「喜ぶ」

ひとつの感覚に意識を注いだら、次のステップです。今度は「積極的に快で反応する」ように心がけます。これは〝感情に集中する〟（感情に意識を注ぐ）ことでもあります。言葉で説明すると難しそうですが、要は「感動する」ということです。

「コレ、好きだなぁ」

「嬉しいなぁ」

「（食事して）おいしいなぁ。私は食べているときが一番幸せだ」

などです。これは、①感覚に集中して⇓②快を感じて（感情）⇓③感動する（喜ぶ）という〝幸せ一直線〟の心の使い方です。

こうした混じりけのない快反応を、食べる、聴く、見る、嗅ぐ、触るなど、「自分が好きなモノ」を使って練習してください。この練習を積んでいくと、確実に楽しむ・喜ぶことが上手になっていきます。

実践！　毎日できる〝感情のプチ修行〟リスト
――「快を増やす」エクササイズ

「快」を積極的に増やすために、日頃から実践できるものとしては、他にこんなものがあります――。

プチ修行25
「ドリンク禅」で手軽に極楽気分

湯上がりに冷たいジュースやスムージーを飲んで、「最高！」とつぶやく。生ビールを一本開けて、「くーっ！」と感動する。ちなみに、僧侶の私はお酒を飲みませんので、ヤクルトジョアで晩酌します。あのちっちゃなストローで、わずかな量に哀惜《あいせき》の念を感じつつ、ちびちび味わう。これが至福の瞬間です。

プチ修行26

「ぬくぬく禅」で幸せをかみしめる

冬の寒い夜に、電気毛布か湯たんぽをセットしておきます。そして玄関からしばし外に出て寒さを感じ、そこから布団に潜り込みます。「おぉ、あったかい！」と感動して嬉しくなります。これを〝ぬくぬく禅〟と命名します。

プチ修行27

「冷え冷え禅」で頭がシャープに

夏の暑い盛りに、「それにしても暑いなあ（苦）」と外で感じます。そこからクーラーの効いた室内に入って、「あぁ、涼しい！」と感激します。これを〝冷え冷え禅〟と命名します。サウナから水風呂へ直行、という手もあります。

楽しい毎日は「感覚への集中」から

「プチ修行1　シャワー禅」もそうですが、ここで〝禅〟という言葉を使ったのは、「意識を集中する」「感覚を研ぎ澄ます」という心の使い方が共通するからです。実際、禅の世界には〝食禅〟という作法がありますが、これは食べるときの手の動きや味覚に意識をフルに向ける（マインドフルに食べる）という修行法です。

究極のところ、雑念を排除して、クリーンな心で感覚に集中すること自体が、最高の快なのです。さらに快――おいしい・楽しい――の感情に集中できれば、幸福度は倍増します。

私たちの日常は、ムダな反応に気を奪られ、ぼんやりと〝ながら〟で過ごしています。でもほんの少し心がけを変えるだけで、楽しさはイッキに増えるかもしれないのです。精進してまいりましょう。

「感情」の修行　実践その六

〝喜び力〟をアップする

もうひとつ、人生の喜びを増大させる方法があります。それは〝相手の喜びに共感する〟ことです。

相手が喜んでいる・楽しそうにしている姿を見て、その快の反応に共感して、自分も快を感じること。この心の使い方を、仏教では〝喜の心〟mudita《ムディター》と表現します。

もし人生をいっそう楽しもうと思えば〝喜の心〟をフル活用することです。ひとりで喜ぼうとするだけでなく、他人《ひと》の喜びも自分の喜びにしてしまうのです。

自分で自分を喜ばす必要はない？

「楽しめる何かを見つけよう！」というメッセージを、世間でよく聞きます。元気が出ない、どこか迷いを感じている人たちに「元気を出そう」「生きがいになるものを探そう」と訴える声を、本や雑誌でよく見かけます。

こうしたポジティブなメッセージに励まされることは、たしかにあります。ただ、元気が出ない人に「元気出せよ！」と言っているようなムリを感じなくもありません。「生きがいを探せ」という言葉には、「人生は自分の力で楽しむもの」という前提があるような気もします。

ただ、すでに触れたように、仏教ではちょっと違った発想をします。つまり、

①快の反応は、なくてもいい（おまけ）。心の基本はニュートラル。
②快は、外の刺激に反応しなくても、感覚からも得られる。コツは集中。
③快は、他人の快に共感することでも得られる。

と考えるのです。ポイントは「喜びに執着しなくてもいい」ということです。元気が出なくても、**生きがいがなくても、それはそれで「心にとってはフツー」**だということです。

ちなみに、「楽しもうとしても楽しめない心」には、快で反応できないくらいのわだかまり――不満や後悔や暗い妄想グセなどの〝意識の滞留〟――があることがあります。そういうときは、いったん意識を「感覚に戻す」ことです。ニュートラルな状態に戻って、体の感覚をよく感じる練習をしながら、徐々に「好き」「楽しい」と思える体験をしていく必要があります。

いずれにしても、ただ「元気を出そう」「楽しもう」という発想は、快の反応が乏しい心には、あまり効果がありません。

そこで仏教の発想を活かして、「自分で楽しめなくても、他人の楽しみを感じることはできるかも」と考えてみるのです。そのとき浮かび上がってくるのが、次の「喜の心を育てる練習」です。

プチ修行 28

外を歩いて「喜びをチャージ」する

では、さっそく練習してみましょう。休日の昼間に、散歩に出かけます。商店街でも、公園でも、そこにはたくさんの家族連れや人がいると思います。

その中に、笑っている人、遊んでいる人、楽しそうに話している人、その他〝喜び〟で反応している人を見つけてください。そして、こう感じてみます――。

「ああ、喜んでいる（よかったね）」

喜んでいる姿を見かけて、「喜んでいる」と感じる（理解する）だけです。それだけでも十分ですが、もし素直に思えるようなら、「よかったね」「いいね」と言葉を念じて（胸の内で思って）みてください。これが練習です。

ちなみに、人生ツライことばかりで、人の喜ぶ姿を見ると、「逆に落ち込んでしまう」「腹が立ってくる」という人もいるはずです。そういう人は、無理に喜ぼうとしないで、自分の中にあるわだかまりに気づいてください。怒り、苦い過去、執着している誰かのこと――それはそれでよいのです。ただ〝ある〟ものを〝ある〟と気づいて、感覚を意識して、ニュートラルな心になれるよう心がけていけば、徐々にわだかまりは消えていきます（もちろん時間は必要です。だから〝修行〟なのです）。

この〝他人の喜びを感じる練習〟は、一生使える最高の人生エンジョイ術です。齢を重ねるにつれて「情熱が涸《か》れてきた」「夢中になれることがなくなってきた」という人は、大勢います。でも自分で自分を喜ばせるばかりが人生ではないのです。**他者の喜びを自分の喜びとする、そんな生き方もある**のです。

人の笑顔を見たら、笑ってください。楽しんでいる人を見かけたら、「よかったね」とつぶやいてみてください。

これなら、地球上に「喜ぶ人」がいる限り、幸せになれます。これで生涯退屈しないのです。

プチ修行 29

動物のカワイさに共感する

近頃、ネコの写真集や動画が大人気だとか。まったり感にあふれる細い目、つい触れたくなるプニプニの肉球、どこを見てもフニャフニャ、フサフサした体のフォルム。「あぁ、なんて可愛らしいのだ」と〝心がネコ状態〟になってしまう人は、大勢いるでしょう。

こういう心理も〝喜の心〟です。思いっきり、幸せを実感してください。**目で、心で、手で触れて、ネコを愛《め》でてください。手軽に純度一〇〇パーセントの幸せを手に入れる**ことができます。

犬でもいいし、インコでも、動物園の動物たちでもOKです。動物は、食べて幸せ、寝て幸せ、というシンプルな世界に生きています。人間みたいに「もっと」「まだまだ」と欲を張らないし、暗い妄想もしません。原始的な欲求を満たせればよし（快）、という世界を生きています。

人が動物の姿を見て、ほっこり、にっこりしてしまうのは、そういう素朴な快の状態に、心が共感するからです。

お気に入りの動物を見て、触って、戯《たわむ》れて、〝喜の心〟を堪能する——これもかなりイイ修行法です。

プチ修行30 困った相手に「とりあえず喜の心」

これは少し「上級編」かもしれませんが、「迷惑な相手にも、喜の心で反応する」

という方法もあるので紹介します。「とりあえずビール」ではありませんが、「とりあえず喜の心」です。

以前、日本の人たちとインドを旅したことがあります。ちょうど国を挙げての祝日で、至るところでインド音楽が大音量で鳴り響いていました。車で道を走れば、一〇〇メートル間隔で「踊るインド人の一団」に出食わすのです。インド人は歌と踊りが大好き。しかも周囲の迷惑はおかまいなし（つまりサイアク）。「こりゃ、やばい。でもホテルに入れば静かだろう」と思って着いたら、ホテル前にも踊るインド人（脱力……）。インド映画さながらの大狂乱の展開になりました。

そのとき、同行の一人の日本人男性が「うるさ～い！」と反応してしまったのです。インド人にうるさいと怒鳴っても、静かになるはずがありません。ですが男性は、インド人の性格を知りませんでした。まともに反応してしまったのです。

すると途端に、その怒った男性は鬱《うつ》になってしまいました。鬱とは、怒りが心に溜まって閾値（限界）を超えた状態です。もともと鬱を患った過去のある男性は、その症状をインドで再発させてしまったのです。彼にとってインドは「二度と来たくない国」になってしまいました。

怒りで反応すれば、こちらがダメージを受ける――これは、あらためて確認したい真実です。でも、人生にはときに（しばしば？）、はた迷惑な相手に出くわすことがあります。そういうときは、どう反応すればよいのでしょうか？

そうです――ブッダの智慧を活かすなら「喜の心で向き合う」ことになります。これはかなり難易度の高い「反応返し」かもしれません。怒りで反応せず、期待・要求からも入らず（入ると腹が立つので）、いったん相手の喜びを感じよう、と努力するのです。

踊り狂うインド人に怒りを向ければ、こちらの神経がやられます。だからまずは、「おお、楽しんでるね（よかったね）」と、あえてポジティブに反応して心を整えてから、「はてどうするか？」と考えるようにするのです。

ホテル前で騒いでいた五〇人ほどのインド人たちに、話してみました。みな案外素朴な田舎の青年たちで、「わかったヨ」といって音を止めてくれました。「一晩だけネ」（連休だったのでした……）。その夜は、静寂の中で寝ることができました。

うっとうしいな、厄介だなと思わざるを得ない相手に遭遇したときには、あえて喜の心で反応してみる――けっして簡単ではありませんが、これも修行のうち。そう頑張ることで、自分の心を失わずにすむのです。

「人生は退屈」でもかまわない

究極のところ、人生は、「何も面白いことがなくても」生きていけるものなのかもしれません。

「面白さ」を自分ひとりで作り出そうとすれば、しんどいことになります。その面白さは、たいていい自分の欲や期待や妄想とつながっているので、結局自分の〝煩悩〟に囚われてしまうことにもなりがちです。

だから、あえて発想――世界と向き合うときの心がけ――を変えてみるのです。

世の中には、喜びがあふれています。人も、動物も、植物でさえも――その豊かな生命の喜びに共感・同調するだけで、自分は何もしなくても、幸せを感じられる。そういう生き方も可能です。精進してまいりましょう。

「道ゆく者にとっての豊かさとは何か――慈しみの思いで、悲の心で、喜びへの共感で、手放す心（反応しない心）で、世界に向き合っている。これが、人生における最上の豊かさである」

――マッジマ・ニカーヤ

第3章
「考え方」のプチ修行

——「使う言葉」を替えるだけで、
悩みがスッと消えていく

「考え方」の大切さについて、今一度確認しておきましょう。

考え方が大事なのは、「道を妨げる思いがたくさんあるから」です。

自分にとって大事なモノゴト、喜びや良好な人間関係、持っている能力の発揮など、ほんとはそちらに心を使わなければいけないのに、アタマはゴミみたいな雑念で一杯です。欲望、怒り、暗い妄想や慢（プライド）など、なくてもいい思いに占領されています。

こうした心の混沌状態を、仏教では〝無明《むみょう》の闇路《やみじ》〟と表現します。どこに向かっているかわからない、このままでいいのか確信が持てない、生きている実感がない、という精神状態です。

こうしたさまよえる状態を抜け出すのに、「正しい考え方」が必要なのです。混乱だらけの日常に〝秩序〟を与えること。先の見えない現実に〝どう向き合えばいいか〟がわかること。そのことで、人は迷いから脱出できます。

仏教には「正しい考え方」のフォーマット（枠組み）が、いくつかあります。その代表的なものを紹介しましょう。

「考え方」の修行　基本

「方向は何？」と自問する

「これは執着（＝惰性で反応しているだけ）である。本当の楽しみ・快は少なく、
むしろ苦悩（虚しさ）が多い。これは魚を釣る釣り針のようなものと知って、
近づかずに独り歩め」

——スッタニパータ

仏教における「正しい考え方」は、ズバリ三つで構成されます（これは〝八正道〟と呼ばれる根本教義における〝正しい思考〟の中身です）。すなわち、

①正しい方向を見定める（目的を明確にする）
②正しい方法を実践する（目的に近づける方法を実践する）

③正しい心の前提に立つ（クリーンな心の状態に立つ）

という三つです。これらは混乱しがちな毎日に〝秩序〟を与えてくれる大事なポイントです。**「方向、方法、前提（今の自分の心）」**という言葉を、つねに思い出せるようにしましょう。

「方向、方法、前提」が〝心の指針〟です。

妄想と方向性は違うと知る

まず〝方向性〟とは、たどり着きたい将来の自分です。それは、仕事だったり、家族のあり方だったり、心の状態（心境）だったりします。

肝心なのは、「正しい方向性」でなければいけないということです。仏教における「正しさ」とは「苦しみがない」こと。

だから、不満や忌まわしい記憶などを心に持たないこと・クリーンな状態を保つことは、「正しい方向性」に当たります。

大事なのは「妄想と方向性は違う」という理解です。その違いをわかりやすくいえば、次のようになります。

○妄想は、ただ妄想しているだけで行動しない。しかも、疑いや不安や後悔など暗い妄想もある（執着が強い人間は、暗い妄想のほうが得意）。

○方向性は、最初に考えるだけで、直ちに行動に移す。あとは、たどり着くための方法（具体的な作業）に専念する。

だから「妄想と方向性の違いはどこにあるの？」と思ったら、「行動しないのが妄想で、行動に移すのが方向性」と理解して間違いではありません。

これは山登りにたとえるとわかりやすいでしょう。「山の頂上をめざす」と決めて、登り始めるなら、その頂上は〝方向性〟に当たります。でも登らないままなら、まだ〝妄想〟の段階ですね。

プチ修行
31

「楽しいゴール」を考える

もうひとつ大切なのは、**方向性は、自分にとって快（楽しみ）でなければいけない**ということです。「こんな仕事がしたい」「こんな家庭を持ちたい」「こんな生活に近づきたい」という、自分にとって心地よい・正しいと思えるものを思い描きましょう。

〝快のある方向性〟を思い描くことは、人によっては練習が必要かもしれません。世の中には「あまり将来の自分なんて考えたことがない」「想像するのは苦手」という人が、普通にいます。

もちろん「方向性が絶対必要」というわけではありません。でも、先行きの方向を簡単にでも思い描けると、さまよいがちな毎日に「指針」を立てることができます。その意味で、**道に迷った感じがしたときこそ、〝快ある方向性〟を考えてみる**ことが、大事な修行になります。

プチ修行32 頑張っている人に自分を重ねる

もし自分ひとりで方向性を思い描けない人は、世の中で頑張っている人たちの姿に自分を重ねて――テレビでも雑誌でも本でもブログでも探してみて――「どんな人生なら楽しそうか」と考えてみてください。

「方向性」は人からも学べるものです。

プチ修行33 暗い妄想は「目を開いて」リセット

人は、たいてい「暗い妄想」のほうが得意です。たしかに世の中は、この先どうなるかわからない（暗い話題が目につく）し、生活だって先行きの保証はありません。未来を考えれば、たしかに、安心できる材料のほうが少ないものです。

しかし、**思い描く内容がどんなものであれ、まだ起きていないのなら、それは妄想**です。「暗い妄想は方向性にならない」と考えるようにしてください。そして妄想をリセットするべく、次の練習を始めましょう。

①目を閉じて、今考えていることは〝妄想〟であると確認する。

②目を開いて、目に見える光（視覚）や、肉体の感覚（手や足の感覚）を意識して、「さっき考えていたのは妄想だった」とはっきり自覚する（ここにおいて、第1章で紹介した「感覚を意識する修行」が効いてきます）。

プチ修行 34

「なんとかなる」と言葉で念じる

もし方向性を思い描けず、「暗い妄想」に陥りがちになったら、「なんとかなる」と言葉で念じて（強く意識して）ください。

「なんとかなる」は、あまり根拠がなさそうに聞こえますが、そもそも「妄想に根拠はない」ものなのです。

暗い妄想も、明るい方向性も、行動を伴わなければ、どちらも妄想です。となれば、「なんとかなる」と念じて、暗い妄想に呑まれないようにすることには、十分意味があります。

人は、暗い妄想に慣れすぎです。将来の不安をあおるマスコミのニュースや、どちらかといえば悲観的な周囲の人に影響されているのかもしれません。

だからこそ、ブッダの智慧を活かして「妄想に気づく」こと、快ある方向性を見定めること、あるいは「なんとかなる」と自分に言い聞かせる練習が必要なのです。

たとえば、空を見上げてください。そこには広い空があるだけで〝妄想〟は見えません。その景色をニュートラルな心で見つめて、「なんとかなる」と考えてみてください。

考え方しだいで、日常の景色はガラリと変わります。明るい人生も、暗い人生も、本当は自分の考え方が作っているのかもしれないのです。

だから、考え方を変える修行を始めるのです。ふと暗い妄想に囚われかけたら、その反応に素早く気づいて、「妄想、妄想。なんとかなる」と考えるようにしましょう。

実践！　毎日できる〝考え方のプチ修行〟リスト
――デジタル社会で「心を守る」エクササイズ

プチ修行
35

「この情報、役に立つのか」と自問する

「快ある方向性を見定める」という発想は、今の時代のように、ネット、スマホ、テレビといった「妄想拡大装置」が、ますます簡単・便利になりつつある状況では、いっそう重要な意味を持ってきます。

というのも、世に氾濫する情報に無防備に反応すれば、大量の妄想を発生させて、脳はパンパンにふくれ上がります。心には、新鮮な感覚も、喜びの感情も、仕事や学びで鍛えられる思考もありうるのに、アタマには「ニュース一覧」や「これもオススメ」や「忘れられていた芸能人情報」や「ついクリックしてしまう面白動画」が一気に流れ込んできます。

このような刺激にいったん浸ってしまうと、脱出するのに、ひと苦労です。

こうした混沌とした〝妄想の海〟に、「妄想と方向性は違う」というブッダの智慧で向き合ってみれば、**「方向として役に立たないものには、なるべく近づかない」**という修行に行き着きます。今の時代は、「近づかない勇気」が必要なのです。

プチ修行 36 デジタル反応に近づかない

役に立たない「デジタル反応」には、次のような作戦をもって立ち向かいましょう。今の時代は、反応する前に「心の準備」が必要なのです。

①アクセスするときに、「目的（方向性）は何か」を確認する
○感情・思考・意欲のいずれかにプラス・快があるか――「必要」だったり「快（楽しさ）」があるなら、価値はあります。
○ただし、快も過剰になれば、不快に変わります。だから「気分転換」「疲れ解消」のときは、タイマーなどで時間を区切ります。そして「つい時間を浪費してしまった」ときは、自分の弱さをかみしめましょう（修行らしくて素敵です）。

②寝る前の△時間前にはスマホ・パソコン・ゲームを断つ（人によってはツライかもしれませんが、これぞ修行のうち）。
③眠りに落ちるまで、瞑想（サティ）をする。お腹のふくらみ・ちぢみを、「イチ（ふくらみ）、ニ（ちぢみ）」と数えて、とりあえず百をめざす（千まで延長も可）。
④日常生活において、あえて携帯を〝忘れて〟外出してみる――デジタルに反応しない状態に慣れる。もちろんその間は「感覚を意識する」（足の裏の感触、鼻孔を出入りする空気。気持ちいいものです）。

ちなみに私は、情報収集については〝アラート機能〟を使って、自分にとって大事なキーワードを登録しておき、それに関連する情報だけをメールでまとめて送ってもらうようにしています。週に何回か、まとめて閲覧して、そのなかで必要なものを保存するという形にしています。

携帯もよく（天然で）忘れるので、デジタル反応は、一般の人に比べて多くないはずです。体の感覚、感情、思考、意欲が、人生の方向性のもとに、バランスよく回っている感じがします。

妄想時間を減らすと「幸せの総量」は増える

あらためて思い出したいのは、心には〝妄想〟だけでなく、感覚・感情・思考といったさまざまな領域があることです。そうした心の領域をすみずみまで活かして〝快〟を感じるほうが、〝幸せの総量〟は絶対に増えるのです。だから、体を動かす。喜び（妄想ではなく）を大事にする。新しいことを知る・学ぶ――いろんな〝快〟を味わうほうが、人生の喜びは増えるのです。

そのために妄想時間を減らすこと、デジタル反応に近づかないことです。少しでも「不快な妄想」を感じたら、直ちに脱出してください。

手っ取り早いのは、立ち上がって、歩き出すこと。「感覚に帰る」ことです。ほんの少し「妄想から降りる勇気」を出してみましょう。

「考え方」の修行　実践その一

ムダな考えは「抜いて」消す

毎日いろんな〝ゴミ反応〟（雑念）を溜め込んでいると、アタマはすっきりしないし、仕事や日常の判断も的確にテキパキできなくなります。俗にいう「運気」さえ逃してしまいます。

仏教の発想にてらせば、「運勢向上」は、まずアタマの中をクリーンにし、正しい考え方ができることから始まります。

「正しい心のメインテナンス」をすることなく、願掛けや占いや自己啓発に走っても、うまくいくはずがありません。

そこで、**お寺の境内《けいだい》掃除にちなんで、「ムダな考えを掃除する修行」**をやってみましょう。

プチ修行
37

秘技「言葉抜き」

最初は「考えすぎるクセをやめる」修行です。

人はとにかく考えすぎです。方向性にもならず、方法としても役に立たない、不要な思考を、酔っぱらいの独り歩きみたいにアレコレとめぐらせています。この「考えすぎるクセ」を〝消して〟しまいましょう。

こういうふうにやります――。

まずは、窓の外、頭の上に広がる、昼間の空を見上げてみましょう。雲が浮かんでいますね。

そのとき、「雲が浮かんでいる」と言葉にしてみます。その「言葉」は、ひとつの〝判断〟です。ふだんの〝判断〟(思考)も、言葉が作っています。

次に、その「言葉」を〝抜く〟作業をしていきます(次の行を声に出して読んでみてください。「……」の部分は無音・沈黙です)。

「雲が浮かんでいる」

「……が浮かんでいる」

「……が……ている」

「……ている」

「……」

はい、最終的に「……（沈黙）」になりました。

心の中の「言葉」が消えたら、ひとつの「意味」が消えたことになります。ひとつ「無心」に近づいたということです。

この「言葉を抜いていく」練習を、いろんな場面でやってみてください。たとえば、職場で「あの人は、全然能力ないよな、そのくせ部下の仕事ぶりには厳しいし」という言葉が浮かんだとします。であれば、

「……は……よな、……には……し」

さらに、

「……、……」

ここまでやると、「意味」を成しませんね。それくらいに、言葉を抜いていきます。

余談ですが、これは私が修行し始めた頃に、禅寺の庫裏《くり》で見つけた禅の指南書に記されていた方法です。新しい世界に触れた感じがしたものです。

「考えない」ことは最高の快

人間のアタマは、言葉で一杯です。考えすぎです。その結果、もともとなかった不満や妄想、人を貶《おとし》めたり自分が正しいとこだわったりという慢などが、ぽんぽんと弾き出されています。

ムダな考えが生まれなければ、心は広々として、クリーンな状態です。その状態こそが〝快〟――であるなら、考えを消すこと、つまり言葉を消すことを、もっと心がけるべきなのです。

もう一度ステップをまとめましょう。

①自分の考えを言葉にする——ここはふだんの「考えている」姿そのままです。考えているときの「言葉」に気づいてください。

②言葉を〝抜いていく〟——「……が……している」⇒「……ている」⇒「……」と、徐々に沈黙を増やしていきます。

③言葉にしない状態に〝慣れる〟——言葉が抜けた状態に、しばらく留まってください。考えない状態（沈黙・思考の空白）に慣れていきましょう。

「考え方」の修行　実践その二

間違った考えを自覚する

次に行うのは、間違った考え方を「正しい考え方」に入れ替えていく修行です。

世の中に生きる多くの人が、「間違った考え方」の中に生きています。というのは、人の心には、本能的な欲求と、それゆえの不満と、肥大した脳が作り出す妄想があるため、満足や幸せ、心がクリーンであることの快が存在する余地（スペース）は、あまりありません。

「心がどこか渇いている、満たされない」という思いは〝人の心の性質〟が作り出す、正直な実感なのです。

とすれば、「新しい心の持ち方を練習しよう」と考えるのが、合理的なはず。しかし心は「反応し続ける」ほうがラク――ある意味「自分大好き」――なために、なかなかそうは、思いつかないのです。これはひとつの「間違った考え方」といえます。

「自分は正しい」は最大の勘違い

実は人間には、自分を「間違った考え方」に引き留めてしまう、さらに大きな間違った考え方があります。

それが――実に耳の痛い言葉ですが――〝慢〟（自己愛・自分が正しい・エライという思い、見栄・プライド・優越感ｅｔｃ．）です。

どんな場所にも、自分とぶつかる相手は、いるものです。「ぶつかる」とは、仏教的には「一方（あるいは双方）に苦痛が生じる関係」です。

たとえば今、あなたが厄介だと感じる相手を思い浮かべてください。職場の上司でしょうか、親でしょうか。先輩・同僚、兄弟姉妹、近所の困った人でもかまいません。その人は、どんな性格の人でしょうか。傲慢、頑固、上から目線、支配的、抑圧的、一方的、人使いが荒い、とにかくムカつく……。

こうした相手に、今後どう向き合えばいいのか。「正しい考え方」に心を切り替えていくことにしましょう。

人とぶつかったときのリアクション（反応）は、たいてい三つです――①ムッとする、②言い返す（張り合おうとする）、③ぐっと我慢する。

結論からいえば、いずれも「正しい考え方」とはいえません。なぜなら「苦痛を生む」からです。**「苦しみを抜ける」という仏教の目的にてらせば、苦しみを生む反応は「正しい」とはいえない**のです。

では、どう考えればいいいか。ブッダの発想によれば、次のように考えます。

プチ修行
38

「ムッとした」自分に気づく

たいていの人のリアクションは、「ムッとする」から始まりますね。これは、単純に怒りで反応した場合です。

ただその怒りを、相手に向けることも、呑み込むことも、正解ではありません。

怒りを感じたら、その反応にまず〝気づく〟ことが基本です。「あ、ムカついた（ワタシ怒った）」と。もう少し詳しく見てみましょう。

①今まさに相手と向き合っている場合——まず「自分の怒りの反応に気づく」ことに全力を尽くします。ここが、修行の正念場です。

ポイントは〝どこか傍観者が眺めるように〟客観的に「怒りの反応が出ている」と意識することです（「と言葉」を活用しましょう）。

「ムカッ——とワタシ反応している」

「あのヒト○△□だ——とワタシ考えている」

このとき「（自分に向けて）怒っちゃダメ」と〝判断〟したり、「ムカつくけどガマン」と〝怒りから逃避〟しようとしてはいけません。あくまで「自分の心を注意深く観察する」つもりで、内側に意識（気づき）を向け続けてください。これは、「感覚の修行」を積むことでだんだんわかってきます。

②過去の記憶にムカついている場合（目の前に相手がいないとき）——このときは、「記憶」と「今の反応」とに分けてください。そして、**①記憶は妄想にすぎない**と意識します。そして、**②記憶（妄想）には反応しない**、と強く心がけるようにします。

ちなみに、「記憶」を早く消去できるようになりたければ、「プチ修行33　暗い妄想は『目を開いて』リセット」(125ページ)を実践してください。徐々に上手になっていきます。

「反応の観察」で強いメンタルを作る

人が腹を立てるのは、目の前の相手か、過去の記憶か、他人事(世間の「許せない」話題など)です。それぞれに反応することで、怒りを作っています。

だから肝心なのは、怒りの反応が生まれる瞬間を「観察する」ことなのです。「あ、怒りが生まれた」と自覚できれば、それだけでも相当怒りを抑えることができます。

この練習を積むことで、自分の内なる反応に気づきつつ、目の前の相手や記憶に冷静に向き合えるようになります。**「心の〝前半分〟は現実を理解することに、心の〝後ろ半分〟は自分の反応を見て、反応を止めることに使う」**ことが可能になるのです。

この方法は「実践が難しい」という声をよく聞きます。ただそれは当たり前。だって、これまでは「正面から反応する」ことしか知らなかったからです。

でも、これからは、「自分の反応を観察する」方法が使えます。どこまで習熟（マスター）できるかは、練習しだい。まさに「修行のしがいのある」テーマです。精進してまいりましょう。

プチ修行39
張り合おうとする「子どもメンタル」を卒業

「ムッとする」反応以外に出てくるのが、「張り合う」というリアクションです。これは、自分の正しさを相手に認めさせようという反応です。かつて私が目撃した「張り合う現場」には、こんなものがありました。

「いや、それは違いますよ、こちら（ワタシ）のほうが正しいです」と主張し始める。「全然わかってませんね、いいですか、これはこういうことです――」と説得しようとする。「あなたね、ここはこうしなくちゃダメでしょ、わかった？」と上から目線で自分の優位性を承認させようとする。「あなたはくだらない人ですね（バカじゃないですか）」と見下しにかかる。

いずれも、かなりの強者《ツワモノ》です。「こんな対応、私にはできない」と驚かれるかもしれません。ただ、大なり小なりこうした「張り合う」反応は、みな心の中でよくやっているのではないでしょうか。

■「あわれみ」も慢のひとつ■

ちなみに案外よく聞くのが、憎《にっく》き相手のことを、心の中で「気の毒（かわいそう）な人だ」と〝哀れむ〟反応です。「あんな性格だから、うだつが上がらないんだ」とか「最近、事故に遭ったらしい（しめしめ）」といった思いでしょうか。

こうした「心の中の張り合い」も「表立っての張り合い」も、その正体は〝慢〟です。つまり承認欲で反応している状態です。相手の慢に慢で反応するから、言い返せる立場にある（あるいは自信がある）人は言い返すし、そうでない立場なら、内心相手を見下すことで、自分の慢を満たしているのです。

ちなみに、相手の慢に動揺して、自虐・落ち込みモードに入ることもありますが、これは承認欲で反応して、自分を否定的に判断している状態なので、やっぱり慢に当たります。慢には「上から」だけではなく、「自分を下に置いてしまう」判断もあるのです。

結局、人が張り合い、ぶつかり合い、衝突する背景には〝慢〟があります。「慢vs.慢のバトル」が、人間が対立するときの心の働きです。

〝慢〟で返しても絶対に勝てない

ただし、慢で張り合おうとするリアクションは、仏教的には、根本的な間違いです。というのは、相手のほうの「立場が上」の場合は、制裁が返ってきます。相手が上司なら評価・報酬を落とされるとか、立場が苦しくなるとか。最終的には勝てません。

また心の中で、いくら相手を蔑《さげす》んだり罵《ののし》ったりしても、自分の怒りが収まることはありません。相手に慢があって、相手が自分のことを正しいと判断している以上、相手が「悔い改める」とか「謝罪する」可能性は、ほぼゼロです。

ならばその相手の慢に、こちらが慢で反応しても、怒りが続くだけです。「ちくしょう」「くやしい」という思いが続きます。これがツラいのです。

となると、一体どうすればいいのでしょうか。こういうときこそ〝修行〟が必要なのです。

プチ修行40

「小さく、小さく」で心を守る

仏教は、実にユニークな対策を教えてくれます。それは「小さく、小さく」という心がけです。小さくとは、けっして慢をふくらませないこと。「自分が正しい」「自分がエライ」（優れている）という思いを持たないことです。

仏教では〝つつしみ〟と表現します。原始仏典に、こんな言葉があります――。

「亀が甲羅の中に手足を収めているように、心を耕す者は、身を小さく保っていなさい。身をつつしむ人は、自らを守る人である。外に漏れない（反応しない）心にこそ智慧は宿る」

――テーラガーター／サンユッタ・ニカーヤ他

つまり、〝つつしみ〟こそが、心の成長に大切だという考え方です。

つつしみは、一般に「謙虚」や「卑屈」に近いものと受け止められがちですが、意味はまったく違います。

「謙虚」や「卑屈」は、「自分はまだまだ」「自分のほうが下」という〝判断〟を含んでいます。

しかし仏教では「ただ理解する」だけです。自分をいちいち判断しません。上とも下とも判断しなくていい。自分自身にできること、今自分の心にある思いは、ちゃんと理解している。よく理解しているから、偉ぶる必要はないし、相手と張り合ったり、大きく見せようとしたり、自分の正しさ・優秀さをアピールする必要もない。そういう発想です。

自分のことをよく見つめている。理解している。それゆえに「慢」を持たない――それが仏教的「つつしみ」の意味です。

人はみな「裸の王様」?

人間はみな、承認欲を持っているので、自分に都合のいい妄想・判断を簡単に作り出して、それが正しいと思い込んでいます。

自分が持っているもの――肩書とか学歴とか財産とか――に、自分を他人に承認させるだけの価値があるものと〝判断〟しています。だから自分は他人《ひと》より優秀なんだ、上なんだと思っています。人によっては、何の根拠もないのに、なぜかエラそうだったり、傲慢だったりもします。

こうした状態は、実体のない判断、つまり妄想によって、自分を等身大以上の人間だと思い込んでいる状態なのです。つまりは錯覚（カン違い）です。

この錯覚・妄想は、実体がないからこそ、自由自在に思い描けます。客観的にはたいして誇れる材料などない（客観的にない）のに、「自分はエライのだ」と威張る（妄想する）ことができるのです。

また人は何かを判断したときに、その判断を「正しい」と二重に判断しています。

実は、この判断も、承認欲がなせるわざです。本当は**「この思いは判断＝妄想にすぎない。正しいかどうかはわからない」というのが正しい理解**です。しかし、承認欲と妄想を疑ってみたことのない（気づかない）人間は、ほぼ瞬間的、無自覚のうちに、

「自分のこの判断は正しい」と〝判断〟しているのです。

こうした「慢」の姿は、いわば「裸の王様」に似ています。王様は裸なのに、自分はきらびやかな特注の服を着ていると思っている。「私」もまた、現実には「体」と「心」があるだけなのに、承認欲を満たせるような都合のいい判断・妄想に身を包んで、「自分はけっこうすごいんだ」「正しいのだ」と思っています。

いっさいの妄想から離れた眼で見れば、その姿は、かなり滑稽だったりするのです。

ブッダは言う「けっして判断するな」

あらためて、人ってどんな生き物なのだろう、と考えてみましょう。

人間は、自分の心の反応すら、思い通りにコントロールできません。日常は、いつも小さな欲と怒りと妄想と慢とに覆われて、ムダな反応・雑念だらけです。けっしてパーフェクトじゃないし、勝ってもいないし、優れてもいません。大きな失敗やうっかりミスは、日常茶飯事。子どもの頃、学生時代の勉強、今の仕事・生活――どれを振り返っても明らかなことですが、自分ひとりで築き上げたものなど皆無です。そうした現実の自分を見つめて、なお自分がエライ、正しい、相手より上、マシ、といった判断が、どうしてできるのでしょう。

ブッダなら、けっして判断するな、自分自身を妄想するな、と言うことでしょう。

「この世に強い力をもつ四つのものがある――貪り、怒り、慢心と妄想とである。これらのもとでは、聡明さは働き得ない」

――ジャータカ

人はみな過ちを犯す、不完全なもの。それほどたいした生き物ではありません。ここでいう「たいしたことがない」というのは、否定的判断ではなく、「妄想を取り除いて見た現実の自分」への〝正しい理解〟です。〝つつしみ〟とは〝正しい理解〟の別名です。

自分自身を正しく理解しようと心がけたとき、人は〝足元だけ〟を見るようになります。

けっして人の動向を追いかけない、不必要に判断しない。自分を大きく見せようとも思わない。ただクリアな心の眼で、相手を見つめ、自分を見つめて、せめてよき働きをしよう、自分の生活を大事にしよう、と心がけるようになるのです。

正直、こちらの生き方のほうが、はるかにラクで、快適な人生を過ごせます。

こうした心がけを、「小さく、小さく」と表現するのです。

■「小さく、小さく」が結局は勝つ■

「小さく、小さく」の心がけを、こんなふうに実践してみましょう。

○目を閉じて、足元を見る（意識を向ける）——けっして外を見ない。
○張り合いたくなったときほど「小さく、小さく」と念じる。
○張り合いたくなる相手の前では、視線を下に向ける（うつむき加減に）。
○相手に反応して心を失うこと自体が損失だと考える。

「考え方」の修行　実践その三

「新しい言葉」で発想を切り替える

どの世界でも同じですが、**新しいことを身につけるには、「繰り返し」と「継続」が欠かせません**。ただ、続けていけば必ず効果は上がるので、あとで「やってよかった」と必ず思うはずです。

たとえば「なんとかなる」「小さく、小さく」という言葉を、不安や慢（張り合おうとする心理）が出てくるたびに繰り返して、自分自身の口癖＝考え方のクセにしてしまいましょう。

出てくる言葉が変われば、言葉で作られている思考も変わります。だから、**考え方を変えようと思えば、使う言葉を変えること**なのです。

そこで、次の練習です。「新しい考え方を覚えていく」練習を始めましょう。

プチ修行
41

「新しい言葉」で一日を過ごす

「新しい考え方」を覚えるには、単純に「新しい言葉」を仕入れて、繰り返して、自分の反応にしてしまうことです。これは〝言葉を覚えて考え方を学習していく〟子どもの成長プロセスと同じです。

①過去の言葉をなるべく忘れる――〝言葉抜き〟のプチ修行を精進しましょう。
②「新しい考え方」を、読書などさまざまな機会に拾って、日記・スマホ・日めくりカレンダーなどに書いていく。
③「今日の考え方」として言葉をひとつアタマに入れて生活する（途中でなるべく思い出す）。
④一日の終わりに、もう一度「今日の考え方」を思い出す。
⑤ひと月後・数日後に、これらの考え方を振り返ってみる。

――振り返って「自分自身の言葉」（思い出そうとしなくても自然に出てくる状態）になっていたら、その言葉は〝卒業〟です。

新しい考え方・言葉を覚えるコツは、〝すぐ覚えられるくらい短くして繰り返す〟ことです。

「方法はある」「なんとかなる」「小さく、小さく」などの本書に挙げた〝プチ修行フレーズ〟は、日々の実践を意識して作られています。

ここで、特別付録として、「すぐ使える〝いい言葉〟リスト」を挙げてみましょう。

実践！　すぐ使える〝いい言葉〟リスト

──「新しい考え方」を身につけるエクササイズ

次に挙げるのは、動揺しがちな状況で、どんな考え方をすればいいかの一例です。〈普通の考え方〉と〈新しい考え方〉を並べて書いてみます。

次の中からもし「使ってみたい」考え方があったらピックアップして、さっそく日々実践して、自分の新しい考え方として定着させていってください。練習あるのみです。

○病気で仕事を休むことになったとき

〈普通の考え方〉 病気になってしまった。迷惑をかけて申しわけない。居場所がなくなるのでは。こんな時期に病気なんて、ついてない……。

〈新しい考え方〉 ありがたい、これで休める。この機会に溜まった疲れを取ろう。昔の友だちに電話してみよう。とことん休んで、回復したらまた頑張ろう。

○ミスが重なった。大失敗を犯したとき

〈普通の考え方〉 しまった。ちくしょう。信用を落とした。評価を下げた。私、この仕事、向いてないのかもしれない……。

〈新しい考え方〉 失敗は失敗、ミスはミス（理解に留めて反応しない）。今からできること（方法）は？　よしその方法に集中しよう。今できることで貢献だ。ここからベストにチャレンジだ。（信用回復できるか？）それは相手・人さましだいだ。

○人と別れた・フラれた・裏切られたとき

〈普通の考え方〉 ひどい。ショックだ。淋しい。悲しい。戻ってきて。裏切られた。恩を仇で返された。腹立たしい。許せない。仕返ししてやる――。

〈新しい考え方〉 悲しい・淋しい。でも仕方がない。出会い・関わり自体が授かりもの。それがリセットされて元に戻ったということ。ここから新しく作り直そう。これ

までもらった時間に感謝しよう――。

○お金を落とした・損したとき

〈普通の考え方〉しまった。損した。もっと安く買えたのに。ああ、ついてない。がっかり。あのおカネがあれば、あんなことやこんなこともできたのに……。

〈新しい考え方〉仕方ない。誰か拾って、役に立てているだろう。お役に立ちますように。寄付した（お布施した）と考えよう。落とせるくらい人から授かっているということ、ありがたい話。また頑張ろう。

「考え方」の修行　実践その四

いっそ「心の根っこ」を入れ替える

前節で見たように、同じ出来事でも、「違う言葉」が出てくるのは、〝動機〟が入れ替わっているからです。動機とは、仏教的には〝根底反応〟――反応の「根っこ」、つまりすべての反応の最初に来る反応のことです。

もし動機が自分の〝欲〟の満足にあった場合は、失ったことに動揺し、腹を立て、落ち込み、相手が人間なら「裏切られた」「ひどい」といった非難の言葉が出てきたりします。

もし動機が〝慢〟（承認欲の満足）にあれば、不本意な結果に終わったときに、人のせいにしたり、誰かを批判・攻撃し始めます（自分の慢を回復したいからです）。

逆にもし自分を責めてしまう性格で、病気したり失敗したりすると、過剰に落ち込み、現実を否定的に解釈しようとします。「もうダメだ」「絶望的」「信頼を失った」「向いていないのかも」といった言葉が出てきます。

このように出てくる言葉（反応）は、さまざまです。でも心を深く理解すれば、いずれも〝動機〟――最初の心がけ――によって決まっていることが見えてきます。

だから、**心の底にある心がけ・心の土台を入れ替えることが、考え方を入れ替える上で効率的**なのです。

つまりは、新しい考え方を〝心のよりどころ〟にすえることです。

プチ修行 42

〝発想の衣替え〟で自分リニューアル

そのよりどころは、シンプルなほうが、心に定着しやすくなります。たとえば、仏教が心の土台にすえるのは、①慈しみ、②悲の心、③喜の心、④捨の心（反応しない心）です。

これらを〝自身にとっての真実〟（ダンマ）として、自分の考え方・心の使い方の最初・心の土台に置きます。仏教ではこれを「帰依《きえ》する」と表現します。

もし、慈・悲・喜・捨の四つの心がけをよりどころにして、日々を実践の場にすると、こんな言葉を使うことになります。

①慈しみから――「あなたが幸せであるように」「お役に立てればよし」「貢献第一」「おもてなし」「頑張りましょう」
②悲の心から――「ツライだろうに」「困ったものだ」「ご事情、お察しします」
③喜の心から――「よかったね」「それは何より（喜）」「楽しんでますか？」
④捨の心から――「反応しない」「忘れました」「手放す」「反応はできるけど」「反応してもいいけど」「しばらく様子をみよう」「なんとかなる」

こうした言葉が自然に出てくるようになれば、生活も人間関係も働き方も、劇的に変化するはずです。

ふだん使う言葉そのものを、入れ替えていく――ここは積極的に、楽しんでやりましょう。仏教だけでなく、本でも映画でも歌詞でも、自分の考え方と入れ替えたいと思う言葉を見つけて、繰り返して、自分自身の考え方にしてしまうのです。「考え方を入れ替える」という発想をはっきり持って練習していけば、徐々に心は変わっていきます。

考え方が変われば「人生が変わる」

ここで、「考え方を入れ替える方法」をまとめてみましょう。

①快ある方向性をめざす――「方向は何?」と自問する。暗い妄想はリセットする。
②〝言葉抜き〟の練習をする――沈黙・無言の状態に慣れる。
③間違った考え方に気づく――特に人が陥りがちな判断(慢)を自覚する。
④新しい考え方を覚えていく――「考え方」(とくに最初の動機)は言葉で繰り返すことで徐々に〝発想〟(最初の考え)になっていく。そうすると人生が変わっていく。

もし日常の言葉だけでなく、心の奥深くにある「心の使い方」をも入れ替えられれば、人生は根本的に変化します。

これは、**不思議な〝自己革命〟**です。

世間ではこうした変化を、「信仰」（宗教）に求めますが、ブディズム――ブッダの思考法――にてらせば、「心の使い方を深いところで、つまり反応の最初から変えていく」という実践（修行）に求めます。

ブディズムの目的はシンプルで、「苦しむ心を、苦しみのないものへと変えていく」ことです。

こうした現実的な目的に立って〝正しい方法〟を実践すれば、心の持ち方が変わっていく。日々の生活が変わっていく。働き方も、人との関係も、過去や未来の見え方も変わっていく――。

そうして、過去長いあいだ解けなかった疑問や悩みが、根底からひっくり返っていくかのように、晴れていきます。

心の渇き・苦しみから抜けてみれば、自分には他に何も必要なかったのだ、とわかります。**ただ生きていけばいい**――そう思えるようになるのです。

第4章
「意欲」のプチ修行

――気持ちがゲンナリしたときは、
たとえば「作業をしてみる」

感覚・感情・思考を上手に扱う練習の次は、「意欲を高める」修行です。

もっと意欲（情熱・ヤル気）を出せたら――というのは、多くの人の願望です。意欲があれば、仕事もプライベートも超充実するはず。今より楽しい人生が開けるはず、とはみんな思います。

ただ日々を振り返ると、「頑張らなければ」と頑張るから、焦ったり、落ち込んだり、「ヤル気が出ないから、今日はやめた」と気分に流されたりします。

頑張っても成果が出ない、人に認めてもらえないことは、よくあるし、頑張ろうにも気力が続かない、しんどい、疲れた、というときも、みんな体験していますます。

きっと**「意欲一辺倒」――ヤル気に頼る――という発想だけでは、限界がある**のです。もう少しスイスイと、確実に、前に進んでいける「心の使い方」を、ブッダに学んでみましょう。

「意欲」の修行　基本

「ヤル気の正体」を知る

ヤル気（意欲）は、情熱、意志、覚悟、モチベーションなど、いろんな言葉で語られていますが、その正体には、いくつかあります。

①欲求を満たそうというヤル気　【単純な欲求】

人は、食欲や感楽欲《かんらく》（音やビジュアルなど、五官の快楽を求める欲求）など、生き物の基本的欲求で動いています。食べることひとつでも、ネットで「星」が何個ついているかを調べて、遠くまで出かけていって行列まで作って満足を得ようとするくらいです。

切実なテーマになるのが、「勝ちたい」という欲求や承認欲。いずれも、自分の生存や価値を確保したいという衝動から来ています。比べたり競争したり、人の評価や視線に一喜一憂したりという心理には、安全や承認を獲得しようという欲求があります。

②妄想を成就したいというヤル気　【いわゆる欲望・憧れ】

アタマの中のイメージ・想像を追いかけるのは、妄想を求めている状態です。広告を見て「これが欲しい」と思うのは、相手が提供する妄想（イメージ）に反応して、「いいかも」と欲が生まれた状態です。ホントはなくてもいいものなのに、妄想が心にインプットされると、それを手に入れずにはいられない心境になります。

③新しいことを体験したいというヤル気　【ワクワク感】

知的好奇心や、チャレンジ精神と呼ばれているヤル気です。これは、仏教でいう〝求め続ける心〟（タンハーと呼ばれる心のエネルギー）から来ています。一般には「生存本能」と呼ばれています。

④とにかく頑張らねば・やらねば、というヤル気　【気合い・根性】

心はときおり休みを必要としますが、それに歯止めをかける〝思考〟があります。欲で頑張るのではなく、「やめてはいけない」と考えて頑張るのです。特徴的なのは、そこに快（喜び）があるとは限らないこと。だから「やらねば」だけで頑張ると、途中で燃え尽きたり、挫折したり、ピリピリ（内心の怒りを発散）して周囲を緊張させたりします。

「ひとつのヤル気」にしがみつかない

こうしたヤル気にうまく乗ることができれば、ある程度は快調に、前に進んでいけるでしょう。しかし実際には、そうはいかない現実が起きています。たとえば、

・ヤル気が続かない。一度止まると、次のヤル気を出すのに時間がかかる。
・難局・トラブルに弱い。すぐに投げ出してしまう。
・焦ったり、空回りしたりして、うまくいかない。
・「頑張らなきゃ、と思わされている気がする」。ヤル気を刺激する世間の情報に踊ら

されているように思う（端的な例として、自己啓発ビジネスや資格商法にハマる）。
・頑張れない自分は、ダメ・無能ではないかと後ろめたさを感じる（かといって変われるわけでもない）。

こうした精神状態でいくら頑張ろうとしても、うまくいきません。「最初のヤル気が機能していない」からです。では、どう考えれば、いいのでしょうか？

「自由な発想」を強みとする仏教なら、「ひとつのヤル気に縛られている（執着している）のでは？」と考えます。

つまり、「ヤル気の種類（バリエーション）も出し方も、本当はもっといろいろあるのに、ひとつのヤル気しか知らないのでは？」と考えるのです。

ブッダの智慧を活かして、いろんなヤル気を上手に活かす練習を始めましょう。そして、停滞・マンネリ知らずの充実生活をスタートしましょう。

「意欲」の修行　実践その一

〝ヤル気の素〟を上手に活かす

そもそも「ヤル気」とは、仏教的にいえば〝求める心〟が心と体を動かすエネルギーになった状態です。要は、心・体が動くことが大事。となれば、ヤル気を出すきっかけは、いろいろあっていいのです。

そこで、臨機応変に使える、仏教的な〝ヤル気の素《もと》〟を次にリストアップしてみましょう。

プチ修行
43

ヤル気を「上手にやりくり」する

①欲求の満足をめざす——ただし〝苦痛〟を感じたら小休止！

「欲求の満足」を、ヤル気の素として否定する必要はありません。食べる、遊ぶ、人に認めてもらえるように頑張って仕事する――これらが、人生のモチベーションになるかぎり、頑張ってみようではないですか。

もちろん仏教的に「煩悩だからダメ」と、理屈で一蹴することは可能です。ただ、欲求はそもそも生き物の基本的エネルギーだし、個人の幸福や、社会の発展につながっていることも、否定できません。宗教という名の観念で欲を否定することは簡単ですが、むしろ〝欲求を上手に活用する方法〟を考えるほうが、世俗の世界で生きる人たちには、大事なはずです。

だから、欲も生きる意欲・希望・情熱につながるかぎり、大事にすればいい――それが本書が拠《よ》って立つブディズム――万人に開かれた〝智慧のオープンリソース〟(誰もが使える知的資源)――の立場です。

ただし、条件があります。それは「苦痛が生まれたら、いさぎよく降りること」です。

たとえば、認められたくて頑張る。勝ちたくて努力する。でもその欲が、空回りや、欲求不満や、心の渇き(満たされなさ)を生んでいる――そのときは「いけない、この頑張り方は正しくない」と気づいて、いったん欲から降りなければいけません。降りてどう心を作りなおすかは、本書全体を読み返してください。ヒントは「心の五つの領域」をフルに活かすことです。

②妄想の満足も大事にしていい――ただし、中身は吟味する。

「快あるかぎり、ヤル気に活かす。ただし苦痛になったら小休止」という原則は、〝妄想の満足〟にも当てはまります。「こうなりたい」「これを手に入れたい」というイメージ（妄想）は、そこに快を感じるなら、求めてみればいいのです。

多くの人が思い描く「憧れ」や「夢」や「希望」は、厳密には〝妄想のバリエーション（派生形）〟です。ただ、それが世界や人生を豊かにしているし、ときに世の中を変えることさえあります。だから大切にしてください。

ただし「『考え方』のプチ修行」で触れた、「快ある方向性」と、「妄想どまり」と「暗い妄想」とがあることは覚えておきましょう（122ページ）。暗い妄想とは「苦痛に通じる妄想」です。ここからは〝離れる〟練習をする必要があります。

欲望や悪意を刺激する世間の情報や映像、ネットやスマホなどの〝妄想拡大装置〟に振り回されない練習が必要です。

二五〇〇年前のブッダでさえ、求めるがゆえの心の渇き・満たされなさから抜け出さなければ、と考えたのです。〝妄想の海〟ともいえる今の世の中で、「妄想にヤル気を見出す」という発想には、よくよく注意する必要があります。

その点で、**「あえて目をつむる」練習**が大事になります。

つまり外の刺激に近づかない・反応しない時間を、きちんとキープすることです。外出時、食事どき、入浴タイム、寝る前のひとときなどに「反応しない時間」を作ること。ほんの一五分でも目を閉じて、感覚に帰る（サティする）ことを心がけるのです。

「何もしていなくても平気。むしろ心が落ち着くし、イキイキと活性化する気がする」と感じることでしょう。「心の質（クオリティ）を高める」意識を持ちたいものです。

③達成感を大事にする——求めるものを手に入れた満足感を味わう。

「達成する」ことを、仏教では「成就する」といいます。「成就する」には、三つの

条件があります。つまり、
○方向性（ゴール・目標）が、自分にとって価値がある・重要だと知っている。
○決意する――時間や労力やおカネを費やす「心の準備」がある。
○努力する――きちんと継続できる。
この点で、簡単に手に入りうる「欲求の満足」（たとえば通販）とは違うし、「達成する価値がある」「努力できる」という点では、「ただ妄想を追いかける」こととも違います。

ここで「『考え方』のプチ修行」を思い出してください。方向性を問うこと。そして「求める意味があるかを自分に問う」ことが、必要になってきます。

というのは、ときおりキャリアや資格の勉強で悩み始めた人が、相談に来るのです。そのとき私がたずねるのが、「求める意味が本当にあるのですか？」ということ。方向性の確認です。これがないと、迷いつつ頑張ることになり、仮に目的を成就しても「あまり嬉しくない」状態に至ることが多いのです。

何かをめざして踏み出す前に「手に入れることに、価値があるのか」を、自らに問うてみてください。「価値がある」と納得・決意できれば、「努力」を始めましょう。

これが、達成感をヤル気とする上での条件です。

④充実感を大事にする――プロセスへの集中による爽快感をめざす。

「充実感」というのは、一言でいえば「自分、よく頑張った」という快の感情です。

この喜びを味わうには、「緻密マインドを育てる」練習が必要です。すぐあとに出てきますが、「デスクの掃除」でも「食器洗い」でも「道を歩く」ことでも、〝何事も、心尽くして、ていねいにやる〟ことで育てていきます（58ページ）。

充実感は、集中による快と自負（よく頑張ったという満足）と、「生産性が上がった」という客観的な成果を、もたらしてくれます。これがヤル気のひとつになったら、最高です。

⑤貢献して喜ぶ――「お役に立てればよし」。

貢献するというヤル気が「ありがたい」のは、自分でヤル気を作らなくてすむ（無理して頑張る理由を見つけなくてすむ）ことです。あえて俗にいえば「ラクに頑張れる」のです。

もしこれが、自分の思いに囚われて「働くことの意味は？」とか「いったい私は何のために？」と考え出すと、消耗するし、出口も見つからなくなります（だって、意欲と思考は別の領域。だから考えてヤル気が生まれるわけではないのです）。

多少の迷いや疲れが出てきたときも、「それと、今やることは別。まずは貢献できれば、いいのだから」と思えれば、少しラクになれるのではないでしょうか。

もし貢献という動機から入って、生活もでき、誰かの喜びに満足できたり（喜の心）、集中・充実・達成という快を味わえたりするのなら、実にありがたい話です。

⑥自分が〝納得〟できることをめざす。

結局、なんのために頑張るのか——それは自分が納得するためである。

そう思える心は〝最強〟です。自立しているから、他人の評価に振り回されない。多少の困難にはびくともしない。そして、あとで振り返ったときに、やっぱり「納得」が残る。これこそが「究極のヤル気」です。

自分はなぜ頑張るのか。なぜ働くのか。なぜ生きるのか——自分自身が納得するためである。あらためて〝自分の納得のために〟生きてみましょう。力強いヤル気が、湧き上がってくるはずです。

プチ修行44 「貢献できればよし」と考える

ときどき、「なんでも自分で答えを出さないと気がすまない」人から相談を受けます。たとえば、「今回のオファー（仕事・昇進の申し出）に応えられるかわからない」とか「自分に合っている仕事か、迷っているんです」という人がいます。

もちろん重大な選択を前に迷うのは自然ですが、ただ「考えすぎている」印象をもつことも、けっこうあります。

発想として持っておきたいのは「役割を果たせるかどうか」です。それは実は、自分ひとりで応えられるものではありません。相手・周囲の人が決めてくれることです。だから迷ったときは、「相手が必要としてくれるから頑張る」で、ひとまず良しとしてよいのです。

「貢献」をヤル気にしてしまう方法は、意外と簡単です。

「お役に立つことが第一」と言葉にしてみる。

「さて今日は、何ができるだろうか（お役に立てることは何だろう?）」と発想する。

もちろん、慈しみ――相手の役に立てますように――と〝喜の心〟（喜んでくれてうれしいと思える）のように、新しい動機を育てていくことが理想です。

ただ、「貢献」について考えるときにひとつ、大事な問いがあります。それは「相手に利用されるだけになってしまうのでは?」という懸念です。

たしかに、パワハラ上司やブラック企業の「お役に立てればいい」と考えるのは、意味を持ちません。横暴・強欲・傲慢な人は世間に大勢いるので、「貢献第一」という動機に抵抗を感じる人が多いのは、たしかです。

ただ仏教で考えるなら、①関わるかどうかの選択と、②自分が頑張る理由、というのは、別モノです。

関わるかどうかは、自分で選ぶことです。意味を感じられることが、大前提です。

ただ、関わることを選んだときに、「私は役に立ちたいのです」という思いを保つことは、自分が納得するため、あとで振り返って意味があったと思えるために、必要なことです。

現実には、不条理な状況・境遇に置かれることは、ままあります。ただ仏教では、「自分が心を失わない」（相手に支配されない）ことを重視します。そのためには「正しい動機（意欲）」を保ち続けることが必要なのです。これは自身の心がまえ——仏教の言葉では〝信〟——の問題です。

たとえば仕事なら「利益を上げることに貢献する」。結婚なら「相手を愛することに努力する」。

もしその動機が、相手に届けばありがたいし、もし届かなければ、それは仕方がない（関わるか、離れるかを自分で選択する）ということになります。

意欲は、自分自身の生きる目的・前提として、必要なものです。「ただ利用されるだけにならない」ためにも、意欲・正しい動機を守り抜こうと考えるのです。

「ヤル気の素」で停滞しらずの毎日を

まとめましょう。ヤル気の素は、これだけあります。

◎欲求・妄想を上手に活かす。そうして人生の快（喜び）を増やす。

◎達成感を大事にする――やってみたい目標に向かって、頑張ってみる。
◎充実感を第一にする――モノゴトには集中する。ひとつのことを、心尽くして。
◎貢献して喜ぶ――「お役に立てれば良し」と考える。
◎自分が納得するために（納得できるように）頑張る。

いずれを〝ヤル気の素〟として採用するかは、あなたが選んでください。思いきって「全部めざしてみる」のも、楽しい生き方です。

ヤル気はいわば、「モノゴトに取り組むエネルギーのカートリッジ」だと思ってください。ひとつのカートリッジは、使い果たせば交換しますね。ときには違うカートリッジを使っても、いいはずです。要は、心と体が動いてくれればよいのですから。

大切なのは、毎日を、自分にとって意味のあるように、楽しめるように、生きていくことです。

生き続ける、流れ続ける――それが大切。ままならないこともたくさんあるけれど、そこに反応して心が止まってしまわないように、工夫して生きていくのです。これぞ修行です。

「意欲」の修行　実践その二

ヤル気に〝火をつける〟練習

〝ヤル気の素〟を上手に活かして、日々を立ち止まることなく生きていく。そのためには、ヤル気を「今日一日のエネルギー」に上手に転換する必要があります。

いわば、エネルギーの源・心の燃料を、効率よく燃やして、自分という心と体を快調に回し続けること。そのためには、いくつかコツがあります。それをまとめてみましょう。

プチ修行 45

とにかく「作業」から始める

いくらヤル気があっても、一日の始まりは眠いものだし、ぼんやりと妄想・倦怠ムードが抜けないこともあります。

こういうときは、心の回転数を上げるために、「作業から入る」ことにしましょう。「作業」とは、体を動かすことです。お寺なら、朝は境内の掃除と読経で始まりますし、職場には毎朝ラジオ体操から入るところもあるとか。仏教的にいえば、**感情や思考がまだ回らない状態で、まずは体を動かすことで感覚を刺激して、そこから心を回していく**、ということです。

肝心なのは、「作業（感覚）から入る」という発想です。

この発想があれば、朝の出勤途中の「ただ歩く」ことさえ、ヤル気を覚醒させる作業に使えます。

私自身も、早朝出かけるときは、何も考えずに外に飛び出し、「足の裏」に意識の照準を合わせます。そして「右、左、右」と、足の裏を感じ取りながら、キビキビと無駄のない動きで歩くようにします。もちろん朝日の輝きや、呼吸する空気も、五官でフルに感じ取るようにします。これを「作業」としてやるのです。

こうすれば、みるみる心のエンジンが回り始めます。「一日の始まりは作業から」を〝マイルール〟にすえてみてください。

プチ修行46

イラッとしたら「足の裏」

ヤル気は「意識をひとつの反応に使い続けている状態」なので、やっぱり疲れてきます。

疲れた・考えがまとまらなくなった・気持ちが落ち着かなくなった——と思ったら、「心の別の領域に切り替える」という発想を持ってください。

呼吸（腹部や鼻先の感覚）に帰るのも、外に出るのもよし（感覚を使う）。楽しいこと——甘いものを摂るとか、お気に入りの曲を集中して聴くとか——に意識を使うのも手です（感情を使う）。またパズルやゲームで気分転換を図るのもよいでしょう（思考を使う）。

疲れたときに「頑張り続ける」のも手ですが、「意欲を解除して、別の心の領域を使う」選択もあるのです。心がスムーズに流れ続けるために何ができるか、それを工夫することも、〝修行〟のひとつとして楽しみましょう。

「心のスイッチ」を切り替える

この「切り替え」は、日常の意外な場面で有効です。それは些細なことでイラッとしてしまう場面です。たとえば、改札で前の人がICカードの料金不足でハネられたときや、レジで前の人が支払いにモタモタしているときでしょうか。

こうした状況で「早くして」とイラッとするのは、感情的にソンです。こんなときこそ心を切り替えて、「足の裏の感覚」に意識を戻すのです。

本来の修行では、「足の裏の感覚を意識する」ことが土台で、その上に日常の作務《さむ》（仕事）が来ます。だから作業が滞っても、足の感覚を意識する心だけは止めません。止めてしまったら「修行不足」（まだまだよのう）ということです。

日常で何が起きても、イラッとしない。そんな性格は、とにかく四六時中「体の感覚の一部」に意識を向け続けることから、育てていくのです。

「意欲」の修行　実践その三

新鮮な気持ちをキープする修行

「単調な仕事・毎日に飽きてきた」という思いを持つことは、よくあります。

「これはもうやった」「何度もやった」「またこれか……」という思いが湧いて、ヤル気がイッキに失われてしまいます。こうなると毎日が憂鬱になってきます。

そこで、「いつだって新鮮」な気分を保つ方法を考えてみましょう。

プチ修行 47

いちいち「思い出さない」

面白いのは、**お寺の修行やサティ（瞑想・座禅）に、「退屈」「飽きた」という思いは、まったくない**ことです。これはどういう理由によるのでしょうか。

詳しく考えてみると、「飽きた」というのは、「もうやった」「すでに知っている（見たこと・聞いたことがある）」という〝記憶〟と〝判断〟の産物です。もし仮に記憶も判断もしなければ、目の前のモノゴトは「新しい」ままのはずです。

わかりやすい例が「呼吸」です。「もう呼吸なんて、何億回もやっている」と判断すれば、呼吸すら「飽きた」「退屈」になります（ちなみに一分間で二〇回呼吸すると、一日で二万八八〇〇回、三〇歳をすぎれば、三億回以上になるとか）。

でも「呼吸に飽きる」ことはありませんね。だって、覚えていないし、「もう呼吸した」と判断もしないからです。

となると、**「いちいち思い出さない」「判断しない」ことが、新鮮さを保つ秘訣**なのです。記憶も判断も妄想の一種ですから、結局は「妄想しない」練習で解決できるということです。

実際、お寺の修行なら、呼吸や足の裏の感覚にひたすらサティを向けます。ただ「今この瞬間の感覚」だけ意識して、記憶をたどらず、妄想に走らず、「もうやった」という判断もしません。だから「飽きる」ことはありません。

となると、毎日のルーティンワークも、過去にしたことを思い出さず、「またか」と判断せず、ただの作業としてやるのがベストなのです（このとき〝充実感〟というヤル気の素を活用したいものです)。

ただ景色を「見つめる」

そこで、こんなプチ修行を始めてみましょう——毎日見かける風景を、過去を思い出さず、「すでに見た」とも判断せず、「ただ見つめる」ようにしてください(「言葉抜き」の練習も役に立つはずです)。

目を開いてじっと見つめるだけです。徐々に「ありのままを見る(だから新鮮)」という見方が、わかってくるはずです。

ヤル気は再生できる!

意外と思われるかもしれませんが、**どんな情熱・ヤル気・生きがいにも〝寿命〞があります**。

どのような心の反応であれ、共通するのは〝無常〞という性質です。「その道何十年のベテラン」や「私は好きなことだけやって生きてきました」という人でも、ほんとはその情熱は、短い期間で消滅しているのです。

ただ彼らが、**結果的にひとつのことをやり続けられるのは、「ヤル気の再生」が上手だから**だろうと思います。

実は、心の成長・流れには〝順序〟があります。

つまり、①体の〝感覚〟に始まって、②〝感情〟が生まれ、③〝思考〟が発達し、④「これをやりぬこう」という〝意欲〟へと展開していくのです。これは、仏教的な「仮説」ではなく、心の成長・発展の自然なプロセスです。

たとえば幼い子どもは、泥んこ遊び（感覚）から始まって、喜び・くやしさという感情を育て、徐々に良し悪しを考えるようになって、将来を選択していきます。これは発達心理学と呼ばれる心の成長過程ですが、仏教的に表現すれば、心は〝感覚⇒感情⇒思考⇒意欲〟という順に築かれていくのです。

だから、**「意識を滞りなく流す」という発想**が、大事になります。仏教にいう〝囚われ・執着〟は、避けるほうがよいということです。

たとえば、もし意識の流れが、感情の段階で「怒り・ストレス」によって止まってしまったら、まともに考えることはできません。思考のレベルで、意識が「疑い」や「不安」に囚われてしまったら、意欲は湧かなくなります。経験的にわかりますよね。

だから、**上手に意欲を再生産するには、意識を〝最初のステージ〟つまり〝感覚〟からやり直すほうがよい**ということになります。

たとえば、ベテランのプロ野球選手なら、ランニングや素振り、投球練習という「感覚の確認」から入って、その途中で「楽しい」という快を新しく体験します。そうしてごく自然に「さあ、やるぞ」という情熱・意欲に火がつきます。結果としての継続であり、「ベテラン」なのです。

ひとつのヤル気は、けっこう早いサイクルで消滅していきます。ただ、続けられる人は「ヤル気の再生方法」をよく知っているのです。

意欲・情熱・希望を取り戻したい人は、感覚から育てていってください。意欲は、再生できるのです。

人生に〝立ち止まらない〟ための考え方

「意欲」の修行　実践その四

「新しい生活を前に、不安が募ってきた」「つらくなってきた、やめたくなってきた」という声を、よく耳にします。

特に毎年話題になるのが、「五月病」です（最近は六月病もあるとか）。新しい環境で働き始めて、ひと月も経つと、どっと疲れが出てきます。ＧＷ（ゴールデンウィーク）の連休あたりでダウンしてしまう人は、たくさんいるといいます。

ただ、歩き始めた道の最初で立ち止まってしまうのは、もったいないし、仮に「降りる」選択をしても、その選択が「正しかった」とあとで思える保証はありません。

となると、つらくなった、やめたくなったときに、「どう心を使えばいいか」が、きわめて大事になってきます。

ブッダの智慧を活かせば、こんな考え方が出てきます。

「新しい環境に疲れる」理由

新しい世界に足を踏み入れたときに、なぜ疲れ、不安、迷いに襲われてしまうのでしょうか。理由は、いくつか考えられます。

①新しい〝判断〟の連続に疲れてしまった

新しい仕事・環境・人間関係においては、どう対応すればいいかという〝判断〟を確立するまでが一苦労です。一度確立できればラクになりますが、最初は新しいことばかり。その反応・判断の連続に疲れてしまうのです。

②期待・想像と違う〝現実〟がストレスになってきた

「自分はこんな新生活を送りたい」という期待・想像が大きければ大きいほど、現実が「かけ離れた」ものに感じがちです。

このときの失望、違和感、ストレス、葛藤が、「これでいいのか？」という妄想を作り出します。「いや、よくない。こんなことをするために入ったのではない」という〝判断〟にもつながっていきます。

一番もったいないのは、このときの反応に「一理ある」と思ってしまって、「やめてしまう」ことです。

③「こんな状況がいつまで？」と先を想像して気が滅入ってきた

見通しがつかない上に、「想像と違う」現実に直面すると、「こんな状況がいつまで続くんだ？」という思いが、当然ながら湧いてきます。

人生初ともいえる細く暗いトンネルの中で、「出口」が見えなければ、当然不安になるし、気も滅入ります。

――身に覚えがないでしょうか。ここで「間違った選択」をしないために、こうした心情を〝正しく理解する〟必要があります。

「イヤになってきた」の受け止め方

仏教的に理解すれば、こうした心情には、三つの反応が隠れています。すなわち、

①ストレスを感じた。
②そのストレスから逃れよう（逃げたい）と考えた。
③考えた結果として「単調な仕事にがっかり」とか「人間関係がうまくいかない（この職場に合わない）」とか「選択を間違えた。自分にはもっと適した仕事がきっとある」といった判断につながっていった。

さて、これらのうち、考えなくてはいけないポイント――つまり間違っているかもしれない点――は、どこでしょうか？

意外に思うかもしれませんが、②と③は、「正しい反応」です。つまり、②の「逃げたい」反応は、ストレスを感じたときに出てくる、ごく自然な反応です。

また、③のいろんな妄想・判断も、実は、ストレスを回避するための、ごく自然な反応です。このときどんな思いをめぐらすかは、人によってさまざまですが、しかし、それぞれが考えることには、それなりの「原因」があるのです。

本当は、その「原因」――つまり、①の**ストレスを感じた「理由」をこそ、よく考えなくてはいけない**のです。

ストレスの「原因」をブッダに聞いてみよう

重ねてお伝えしますが、ストレスを感じたときに、さまざまな妄想・判断を作り出すのは、心の自然な反応です。

ストレスが生み出す反応は、①怒る（攻撃する）、②逃げる、③耐える、のいずれかですが、いずれを選ぶにせよ、脳はそれなりの理由を考え出します。「仕事に失望」とか「この職場は性格的に合わない」といった思いは、最初のストレス反応が作り出す〝ストレス反応を正当化するような〟妄想であり、判断です。

だから、このとき出てくる妄想や判断は、「自分にとっては正しい」ものに映ります。

人は「やめる理由」をいろいろ考えるものですが、考えれば考えるほど、自分の選択は正しい、間違いないと思えてきます。だから、やめると決断するときは、自信と確信を持っているものですが……、このとき用心しなければいけないのは、「自分の考え（判断・決断）が正しいかどうか」ではなく、最初のストレス反応が、いったい、い、い、い、い、どこから来ているのか、その原因は何なのか、という点なのです。

プチ修行 48

人生の決断は〝引き算〟で考える

ストレスを感じた状況から「降りる」かどうかを選択する上で、最初にしなければいけない「考え方の手順」は次の通りです。

①妄想を引く

最初の手順は、「自分の妄想を差し引く」ことです。

たとえば、「仕事は、こういうものだと思っていた」「（新しい環境・生活・人間関係は）こうなるだろうと思っていた」というのは、基本的に〝妄想〟です。

無論、妄想を最初のモチベーション（ヤル気・動機）にすることは、かまいません（実践その一〝ヤル気の素〟参照）。

ただし、これはあくまで妄想なので、現実に踏み出したときには「妄想を解除する」必要があります。現実に対しては〝理解する〟心がけが最優先で、その段階で「過去の妄想」を引きずることは、正しい心の使い方ではないのです。

目の前の現実を、妄想なく、ただ受け入れること・見つめることが基本になります。望ましいのは、もし現実と想像とが食い違っていたときは、「アレ（自分の想像）は妄想だったんだな」と、発想を切り替えることです。

その上でどう考えるか――そこで「正しい心の持ち方」が必要となってきます。このとき〝ヤル気〟を切り替える必要が出てきます。

②慢を差し引く

次に注意したい反応が〝慢〟――自分が正しい・自分はもっと優秀――という思いです。

客観的事実をいえば「慢を守るために、人生を選択する」人は、世の中にたくさんいます。ただ、そのあとに満足いく展開があるかといえば、正直疑わしいところが多いものです。

というのは、ここでも人生の方向性・動機が影響してくるからです。もし動機が〝慢の満足〟にある場合、その人が求めるのは、あくまで自身の承認欲を満たすことです。他人《ひと》や社会の利益に直接つながるものは、ありません。

また個人と個人の関係においても、慢の人と関わって楽しいことはありません。プライドが高い人、自信過剰な人、「もっと評価されて当然」「自分はもっとできる・優秀な人間だ」と思っている人――そこにあるのは、承認欲の満足だけで、他の人には「どうでもよい」ことです。

結局、慢は、人を孤立させてしまうのです。

ちなみに、弟子のあやまちに寛容だったブッダが、もっとも厳格に戒めたのが、慢にはまった弟子でした。

その制裁とは、サンガ（僧団）全体による「無視」「沈黙」でした。厳しすぎると思うかもしれませんが、過剰な慢に囚われた心には、何を語っても伝わらないため、こうするしかないのです。本人が気づくしかありません。

■「正しい選択」をするためのセルフチェック■

だから、もし大事な選択をしなければいけなくなったら、自分にこう問いかけるようにしましょう――。

「オマエ（自分のこと）の気持ちはわかった。ただ、最初に妄想（都合のいい期待・想像）はしていなかったか？」

「自分が正しいと思っていないか？　その気持ちは、慢（承認欲が作り出した妄想）ではないか？」

ここでも〝つつしみ〟の練習――「小さく、小さく」の修行が効いてきます。

こうして、自分の心から妄想を引いて、慢を差し引いて、それでも「価値観が違うな」とか「新しい可能性にかけてみようかな」とか「こちらの選択のほうが、人生が広がる気がする」と思えるなら、その選択は〝自分にとっての正解〟に近づいてきます。

ちなみに選択そのものは、その時点では正しいとも、間違いとも決められません。
それは、歳月が経ったあとに、自身で判断することです。〝納得〟が最終ゴールです。
そのためにも、ここから先、正しい心の使い方を心がけていかねばなりませんね。
もうひとつ、新しい出会いに向けて、外せない意欲・動機を確認しておきましょう。
それは、慈・悲・喜・捨の心がけ、特に〝慈しみ〟の実践としてのこんな言葉です
――。

「お役に立てますように」

「お役に立てればよし」

「貢献することは、外せない。それを超える目的はない」


この思いこそが、出会う人たち、世の中に届きうる最高の意欲です。

自分自身の人生をよりよい方向に運んでいくためにも、守り続けたい思いです。

「意欲」の修行　実践その五

とにかく「体験」してみる

新しい道に踏み出したとき、そこから先は〝妄想〟が通用しません。

自分なりの意欲・ヤル気を心の底にすえて、あとは妄想することなく、飛び込んでいく必要があります。

現実は、つねに新しいものです。最初の期待（妄想）どおりに進むことは、まず一〇〇パーセントありません。未来は「まだ到来していない」から未来というのだし、これから出会う人それぞれにも、まったく違う思い・人生があるからです。

ただ、だからこそ面白いし、新鮮だし、やってみる価値があるのではないでしょうか。

となると、新しい環境にいざ進むときの心がけとして一番正しいのは、こんな思いになります――。

プチ修行
49

「まず体験」で人生の貯金を増やす

「まず体験してみる」という発想は、過去も未来も妄想せず〝ただ今を生きる〟という仏教的な生き方の現代的表現です。

この発想には、心をラクにし、しかも自分にとって最大限の効果をもたらす不思議な力があります。「とにかく体験」という心がけがいかに大切か、いくつかの角度から確かめてみましょう。

まず「正しい考え方」の基本に立ち返ってみましょう。正しい方向性と、方法と、前提（心の状態）――それが仕事にも人生にも「見通しをつける」ための考え方でした。

方向性は、自身で思い描くもの。ただし、現実に踏み出したときは、いったんリセットして、目の前のモノゴトに集中する。

そのとき自分が取り組むのは、よき方向――成果・結果・願いの成就――にたどり着くための〝方法〟ということになります。

ふだん心がけるべき考え方とは**「方法としての今を十二分に生きること」**。それが正しい心がけです。「方法はある」と念じた本書の最初で述べた考え方を思い出してください。

■「何事かを成し遂げる」三つの方法■

ちなみに、何事かを成し遂げるための〝方法〟には、次の三種類があります――。

①教えてもらう方法
②経験によって学ぶ方法
③自ら工夫していく方法

このうち優先順位として先に来るのは、①の「教えてもらう方法」です。というのも、新しい環境で求められる役割は、やはりその場所独自のものが多いからです。

だから基本は、無心に素直になって、「教えてもらう」ことです。まったく難しいことではありません。次の三つの言葉をメインに使いましょう。

「何をすればいいですか？」
「どうすればいいですか？」
「ありがとうございます。やってみます」

近くの人をランチや飲み会に誘って、どんな仕事をどのようにやっているのか、情報収集してもいいでしょう。ノウハウを学べるし、距離も近くなるし、一石二鳥です。

特にお寺の修行や弟子入り稽古と違って、「仕事」は、給料をもらいながら学べます。外から見れば、これほどありがたい機会はありません。存分に学ばせてもらいましょう。

②の「経験によって学ぶ方法」は、実際に経験する（経験値を積む）ことで学んでいくものです。「この仕事は、こうやればいいんだな」とか「こういう対応をすれば

いいんだな」と、経験を通して学習していくのです。

これも、①の「教えてもらう」という発想をベースにすれば、それほど難しくないのではないでしょうか。最初のうちは「経験することが仕事」というつもりで、十分のはずです。

「自分で工夫」は最後でいい

③の「自ら工夫していく方法」は、個人のオリジナリティ・創意工夫を発揮できる、面白い領域です。

ただ注意したいのは、工夫が生きる余地は、現実の作業においては案外少ないということです。

そもそも①②の、教えてもらって、経験によって確かめていく方法というのは、仕事・活動の現場で、必要だし効果もあるとされているものです。そこをきっちりできることが基本であって、「自分の工夫」は、そのあとにきます。

カン違いしている人は、この「求められる方法の順序」を間違えていることがあります。「自分はもっとできる」とか「もっとやりがいのある仕事を」と期待をふくらませてしまって、現場で必要とされる方法は、おろそかになってしまっているのです。仏教的に〝正しい方法〟とは、目的を達成できる・効果のある方法のことです。それが果たせていれば、客観的には問題なし。だから、「方法を学ぶ」上で、一番ムダなく、しかも成果が上がるのは、**①教えてもらう（学習する）、②経験する、③（その上で）工夫する**、という順番になります。

これら全部をひっくるめて、一つひとつの方法を「体験」として学んでいければ、これは相当〝優秀な〟働きぶりということになります。

■「成果はあえて見ない」という発想を持つ■

「とにかく体験してみる」という発想に立って〝方法〟を学び、実践していく。そのことで間違いなく、最上の成果に近づいていけます。

ただこの心がけと、ときに真っ向から対立する発想が、外からも、自分の内側からもやってきます。それは「成果（結果）を期待する」という発想です。この発想は、正しいでしょうか？

ひとつ興味深い例を紹介しましょう。アメリカのある大学で、こんな実験をしました。学生を「良い成績を取った自分」をイメージするグループと、「毎日の勉強に頑張っている自分」をイメージするグループとに分けて、どちらが成績が良かったかを調べてみたのです。

いずれのほうが成績が良かったと思いますか？――「勉強に頑張っている自分」をイメージしたグループでした。

つまり**「プロセスに集中する」という発想を持つほうが成果が上がる、**ということです。

たしかに「良い成績」をいくら妄想したところで、学力が身につくわけはありませんね。考えてみれば当たり前の話です。ただ世間では、プロセスよりも成果・結果のほうを追いかけたがるところがあります。そのほうが欲を満たせる気がするからでしょうが、これこそが妄想の特徴です。

合理的に考えて、「結果」の前に「原因」が必要です。原因があって初めて結果が出る。ならば、「思考の正しい順序」として、原因・プロセスを充実させることが先になります。成果・結果は「方向性を確認する」以外は、極端な話、ほんとは考えなくていいということなのです。

ちなみに、修行（プチではなく本格的な瞑想修行）の話で恐縮ですが、サティの実践（禅・ヴィパッサナー）に〝禅定《ぜんじょう》〟という境地があります。面白いことに、「成果」を期待している間は、その状態には入れません。結果を忘れて、正しい手順で「今、今、今」を続けていくうちに、不意に突入するのです。

別に日常生活で〝禅定〟に突入する必要はもちろんないわけですが、おそらく正しい心がけとしていえるのは、「やり始めたら、結果は忘れよう」ということです。

その理由はシンプルで、「そのほうが楽しく作業が進むから」です（充実感）。もちろん密度が上がるから、成果も上がる。その意味で一石二鳥の方法なのです。

導く側もあえて成果に執着しない

「あえて成果を見ない」というのは、人を導く側、たとえば上司や親やコーチ、リーダーなどにもいえます。彼らのアタマの中に「方向性」が見えていることは大事ですが、それを具体的な「成果」（ノルマ・数値目標）として掲げて、みなに〝執着させる〟というのは、いい導き方ではありません。

なぜなら、みなが成果だけを気にして、最も大切な「プロセス・方法への集中」が、おろそかになってしまうからです。それでは意欲も下がります。

ブッダの発想にてらせば、「成果は妄想、方法こそが現実」です。たどり着きたい最終ゴールは見すえつつ、現実に心を注ぐのは、「方法としての今」しかありません。

となると、関わる人たち（実際に取り組む人々）に対しては、**正しい方向を示しながらも方法への集中、工夫を促す**ことなのです。となると、実際の作業は人間が務める以上、上手な意欲の促し方――励ましと感謝と敬意――が求められます。

なかなかたいへんな仕事です。指導者もまた〝修行〟が必要だということです。

プチ修行 50

「緻密に歩く」と人生の総合力が上がる

方法への集中が、成功をもたらす正しい方法――仏教にいう〝正道《しょうどう》〟だとすれば、プロセスを〝緻密に〟進めていく必要があります。

そこで、緻密に物事に取り組める〝緻密マインド〟の作り方を、紹介しましょう。

意外に思われるかもしれませんが、一番よい方法は「緻密に歩く」ことです。

歩き方は、すでにお伝えした通りです。歩く姿勢や歩幅や、足の運び方や傾きなどに細心の注意を払って、意識をフルに注いで、歩いてみるのです。

この「緻密に動く」という心がけは、ブッダが発見したサティ（マインドフルネス）に始まり、ヨガや日本の能などの伝統芸能、さらに太極拳に代表される武術にも活かされています。

ただこうした特殊な世界でなくとも、「緻密に心を働かす」ことは、歩くことでも鍛えられます。

「歩く」なんて、あまりに簡単だと思うかもしれませんが、実際にやってみてください。**外に反応せず、妄想せず、ただ歩くことに集中する**のです。案外難しいことを、実感するはずです。特に瞬間ごとの足の感覚の変化を的確にキャッチしながら、スキなく、ムダなく歩き続けることは、かなりの集中力を要します。

歩くことだけでも、こんなに難しいのです。となれば、もっと複雑で高度な作業を、どうして「ちゃんとできている」といえるでしょうか。

「自分はけっこう集中している」とか「能力的にできるほうだ」と思っている人は少なくない様子です。ただ案外、カン違いしているかもしれないのです。

何に取り組むにせよ、「緻密に心を使う」能力は欠かせません。そのために「緻密に歩く」練習、ぜひ始めてみてください。

「体験」こそが最高の実績

あらためて、新しい世界に踏み出すときの心がまえを、確認しておきましょう。

最初に何を動機（ヤル気）にするにせよ、一度踏みこんだら「体験」こそが最高の価値を持ちます。体験によって、方法を学び、貢献できるようになり、結果的に自分がめざすゴール（それが承認欲の満足であっても）にたどり着けるのです。

だから〝体験こそが財産〟――そう覚えておきましょう。

ちなみに、仏教では〝方法のストック（蓄積）〟を「蔵《くら》」と表現します。仏教は、人の幸福に役立つ方法が、二五〇〇年分蓄えられた智慧の宝庫です。

ひとつの体験が「使える方法」になるには、一定の量と時間が必要です。だから最初のうちは、結果を急がずに、とにかく「体験を増やす」ことを目的にしましょう。最初の一年、三年、五年、一〇年――ひょっとすると一生――は、とにかく「体験」です。その体験が、あるとき〝方法〟として価値を持ち始めるのです。

世の中で重宝される人とは「方法を知っている人」です。それがアイデア、スキルであれ、ノウハウ、情報、人脈であれ、方法が豊かな人を、世の中は評価します。

となると「人生の選択」を考える人も、とにかく体験して、やり方を身につけて、それが一定量に達したときに、転職とか独立とか、その他の新しい展開を、考えればよいのです。

もちろん、何も見えない状態で、踏み出す勇気が必要なこともあります。ただそのときも、先の展開につながるのは〝体験〟からだと覚えておきましょう。

体験とは、ひとつの「蔵」です。そこにマイナス・失敗は、実は存在しません。すべてが価値を持つのです。

となると、恐れるものは何もなくなります。「まずは体験する」ことを第一の目標にして、新しい世界へと飛び込んでいきましょう。

「おおむね、よし」を最終ゴールに

〝意欲〟――ヤル気・願望・情熱・夢・モチベーション――というのは、実は最も語るのが難しいテーマです。

というのは、意欲の正体は、人によって違うからです。「欲望」や「慢」（プライド・自己顕示欲）であることもあれば、「純粋な憧れ」、さらにはひたすら「頑張らねば」という思い込み（実は怒り）であることもあります。

ひとつのヤル気に執着すると、ときに苦しみが生じます。理想が高すぎて、周囲に不満や失望を感じたり、「自分はまだまだ」「こんなものではない」と焦ったり、ひとつの失敗・挫折に過剰に反応したり、迷いや虚しさに陥ったりします。

こうしたときに、それまでのヤル気にしがみつけばつくほど、出口が見えなくなります。そんなときは、自分のヤル気を〝いったん手放す〟ことを考えてみてください。

自由自在に心を使って快適人生の達人に

思い出してほしいのは、「自分の心を十分活かしているか？」ということです。

本書で学んだ通り、心には〝五つの領域〟があります。感覚・感情・思考・意欲・意識――その一つひとつが、瞬間瞬間に新しく生まれ変わっているというのに、ひとつの執着で苦しみ続けているのは、もったいない話です。

心をもっと上手に活用できる自分をめざしましょう。たとえば「感覚を意識する」ことは、ムダな反応をリセットし、心をクリーンにしてくれます。「集中や充実」という快も味わえます。「喜び（快の感情）」があれば、「もう一度頑張ろう」という気になれるでしょう。「考え方」が変わることで、人生そのものが大きく変わることもあります。

ひとつの意欲、ひとつの生き方に、しがみつく必要はないのです。心は、人が想像する以上に広いのですから、それを自由自在に活用して、まずは〝快〟――この人生、悪くないという思い――を感じる日々を、作っていけばよいのです。

仏教が教えてくれるのは、「幸福に近づく方法は、たくさんある」ということ。つまり、私たちの人生には、まだまだ大きな可能性が残っているということなのです。生きているかぎり、幸せへの方法は学べるし、実践できる。そして、自分がめざす大きなゴールにたどり着けるかもしれない——。

その可能性を信じることを、もうひとつの揺るがぬ〝意欲〟にすえて、今日を生きていきましょう。

おわりに

満願成就――すべては修行のうち

人間の悩み・苦しみは、心の反応が生んでいる。もしその反応を、正しい方法で静めることができれば、人はすべての苦しみを抜け出せるかもしれない――それが、二五〇〇年以上の歴史を持つ〝ブッダの教え〟の根底にある考え方です。

この本は、そのブッダの教えを、どれだけ日常生活で実践できる〝方法〟として具体化できるか、にチャレンジしてみたものです。

「修行」とは古来、仏教の道を生きる人たち（修行僧）に向けられた言葉です。ただし、もし修行の〝本質〟――心の使い方――にさかのぼることができれば、日々を頑張って生きている多くの人にとって、「よりよく生きていくための方法」になるかもしれない。それが本書に託した思いです。

ここで、「修行」の本来の意味にさかのぼってみましょう。

修行とは、古代インドのブッダの時代には、bhavanā《バーヴェナー》と呼ばれていました。直訳すれば**「心を耕すこと」**です。

「耕す」というのは、大地を整えて、穀物や野菜や果実をたくさん実らせるために行うことです。手入れすることで、そのままならけっして実らなかったモノが、実ってくる。それが「耕す」ことの意味です。

この「耕す」が、「修行」の本来の意味だというのは、興味深い符合です。

つまり、**できなかったことができるようになる**――それが、心を耕す「修行」の本来の意味なのです。

たしかに、私たちには、できないこと・知らないことが、たくさんあります。

たとえば「つい反応」して、欲や怒りや妄想をふくらませたり、慢に囚われて小さなプライド・自意識で反応してしまったりというのは、ありふれた姿です。本当は、心の安らぎ、幸せ、満足にたどり着きたいと願ってはいるものの、いざ「どうやって？」と考えると、わからないことばかりです。

自分ひとりでは、いくら頑張っても、できないこと・知らないことのほうが圧倒的に多い――それが真実ではないでしょうか。

何を隠そう、私自身も、三十代半ばまで、普通に働いて、自分ひとりの力で人生の試練はすべて乗り越えていけると信じていました。しかし、仏教という大きな思想にめぐり逢ったとき、はっきり自覚したのです――「なんと愚かであったか。ひとりの人間が知りうることなど、あまりにわずかである」と。

この本にもその一端を紹介しましたが、仏教が伝える智慧・心の使い方というのは、きわめて深く、豊穣で、膨大です。現に「心には五つの領域がある」という本書冒頭で述べた真実のひとつさえ、ほとんどの人は知らなかったのではないでしょうか。

今あらためて思うのは、人間は何も知らない小さな生き物で、しかも与えられた時間は限られているということ。だからこそ、つまらないこだわりはいさぎよく捨てて、できなかったことができるようになる喜びを大事にしようではないか、ということです。

子どもたちは、その「心を耕す」喜びを、大人よりはるかに知っているように思えます。できないこと・知らないことがあるのは当たり前。だからこそ、反省もするし、ときめくし、明日を信じて、今を生きることができる。

この生き方は、大人にだって、できると思います。

現実の人生は、たしかに思い通りになることのほうが少ない。でも、その現実に向き合う〝心の使い方〟は、練習しだいで身につけていける。

となれば、**私たちが生きる日々の現実が、今生きているこの場所こそが、心を育てる絶好の〝修行の場〟**ということになります。

どんな体験も「これも修行のうち」と心得ることで、大きなゴールへと近づいていく。そういう前向きな生き方が可能になるのです。

よき方向さえ見続けていれば、正しい方法さえ見つかれば、誰もがこの限りある人生のうちに〝満願成就〟にたどり着ける――それがブッダの教えという遥かなる潮流と、その方法を詰め込んだこの本が、あなたに伝えたかったメッセージです。

この先の日々を、精進してまいりましょう。

◉ 巻末資料「プチ修行」リスト

ここまでに挙げた「プチ修行」はぜんぶで50個！　ココロを軽くしたい・気持ちを立て直したい……etc.と思ったら、このリストに戻ってきてください。正しく「精進」（実践）すれば、誰でも「快適人生の達人」になれます！

感覚のプチ修行

「感覚といつも一緒」なら、心は年を取らない!

感情のプチ修行

感情に押されるな、
背中を押してもらおう!

考え方のプチ修行

「アタマで考えること」が人生を決める!

意欲のプチ修行

「ヤル気の素」があれば、疲れ知らずのメンタルに!

装丁　ＩＳＳＨＩＫＩ
イラスト　浜野史子
本文デザイン　國枝達也

〔著者紹介〕

草薙　龍瞬（くさなぎ　りゅうしゅん）

僧侶、興道の里代表。1969年、奈良県生まれ。中学中退後、16歳で家出・上京。放浪ののち、大検（高認）を経て東大法学部卒業。政策シンクタンクなどで働きながら「生き方」を探求しつづけ、インド仏教指導僧・佐々井秀嶺師のもとで得度出家。ミャンマー国立仏教大学、タイの僧院に留学。現在、インドで仏教徒とともに社会改善NGOと幼稚園を運営するほか、日本では宗派に属さず、実用的な仏教の「本質」を、仕事や人間関係、生き方全般にわたって伝える活動をしている。毎年夏の全国行脚や、経典の現代語訳の朗読と法話を採り入れた葬儀・法事を行うなど、「もっと人の幸福に役立つ合理的な仏教」を展開中。著書にベストセラーとなった『反応しない練習』（KADOKAWA）のほか、『大丈夫、あのブッダも家族に悩んだ』（海竜社）などがある。

著者ブログ　http://genuinedhammaintl.blogspot.jp/
感想・お便り　koudounosato@gmail.com

これも修行のうち。　（検印省略）

2016年4月15日　第1刷発行
2016年8月8日　第2刷発行

著　者　草薙　龍瞬（くさなぎ　りゅうしゅん）
発行者　川金　正法

発　行　株式会社KADOKAWA
〒102-8177　東京都千代田区富士見2-13-3
0570-002-301（カスタマーサポート・ナビダイヤル）
受付時間　9:00～17:00（土日　祝日　年末年始を除く）
http://www.kadokawa.co.jp/

落丁・乱丁本はご面倒でも、下記KADOKAWA読者係にお送りください。

送料は小社負担でお取り替えいたします。

古書店で購入したものについては、お取り替えできません。

電話049-259-1100（9：00～17：00／土日、祝日、年末年始を除く）

〒354-0041　埼玉県入間郡三芳町藤久保550-1

DTP／ニッタプリントサービス　印刷・製本／大日本印刷

ISBN978-4-04-601538-9　C0030